Gefährliche Meditation

Renate Frommeyer

Gefährliche Meditation

Befreiung aus der Macht von
Heilern, Gurus und Götzen

MIRIAM-VERLAG

Widmung

Ich widme dieses Buch in tiefer dankbarer Liebe
dem heiligen Dreifaltigen Gott; dem Schöpfervater, der mich von Ewigkeit her geliebt und gewollt hat;
seinem eingeborenen Sohn, unserem Herrn Jesus Christus, der auf Geheiß des Vaters auf diese Welt kam und mir durch sein Leben, sein Leiden und sein Sterben sowie seine glorreiche Auferstehung den Weg zum Vater wieder geöffnet hat;
dem Heiligen Geist, der immer mehr mein Herz mit seiner Liebe entzündet.

Abdruck des Cartoons auf Seite 98
mit freundlicher Genehmigung von
Werner Tiki Küstenmacher

1. Auflage im April 2014

Satz, Layout und Druck: Miriam-Verlag
Printed in Germany

ISBN 978-3-87449-402-1

Inhaltsverzeichnis

Jesus Christus spricht:
„Ich bin der Weg, die Wahrheit und das Leben. Niemand kommt zum Vater, außer durch mich“ (Joh 14,6)

„Darum vergesse ich, was hinter mir liegt und strecke mich nach dem aus, was vor mir ist: Jesus Christus“ (Phil 3,13–14)

„Wenn wir untreu sind, bleibt er doch treu, denn er kann sich selbst nicht verleugnen“ (2 Tim 2,13)

Vorwort

„Du hast mich betört, o Herr, und ich ließ mich betören; du hast mich gepackt und überwältigt“ (Jer 20,7).

Seit dem Juni 2010 zeigt der Fernsehsender K-TV immer wieder mein Zeugnis, das zwanzig Jahre in der Esoterik- und Okkultismus-Szene umfasst. Dieses Zeugnis sowie weitere Sendungen, in denen ich über die Hintergründe einiger esoterischer und okkulter Praktiken aus christlicher Sicht berichte und darüber aufzuklären versuche, wurden vom katholischen Internetportal *gloria.tv* übernommen. Natürlich ist diese Art von Aufklärung nur in beschränktem Umfang möglich, da ständig neue oder angepasste Praktiken und Gurus auftauchen. Inzwischen werden die Sendungen in über fünfzig Ländern weltweit über das Internet abgerufen. – Als ich gefragt wurde, ob ich öffentlich Zeugnis geben möchte, betete mein geistlicher Begleiter, ein Priester, mit mir. Wir waren beide zutiefst berührt, als er Jesus vor mir stehen sah. Jesus fragte: „Willst du für mich Zeugnis ablegen, egal, was es kostet?!“ Daraufhin erfasste mich angesichts der Frage, welcher Preis wohl gefordert sein würde, Unsicherheit und Angst. So bedurfte es noch eines Jahres des Betens und Ringens, bevor wir anfangen konnten, mein Zeugnis aufzuzeichnen. Mitentscheidend dafür war der Impuls: „Zur größeren Ehre Gottes, und wenn auch nur eine Seele dadurch gerettet wird!“

Nach den Sendungen tauchte immer wieder die Frage nach einem Text zum Nachlesen und Weitergeben auf. Mit dem hier vorliegenden Buch will ich nun versuchen, Zeugnis abzulegen über die barmherzige Liebe unseres Gottes.

Möge der Heilige Geist Ihre Herzen berühren und Ihre Augen öffnen für die äußerst große Gefahr der Verwirrung, in der wir uns alle befinden. Mein Beispiel soll bezeugen, dass die Macht und Barmherzigkeit unseres Gottes so viel größer und stärker ist als die des Widersachers. Ich möchte dem Dreifaltigen Gott für seine Rettung danken und auch unserer Mutter Maria, denn wie unser heiliger Papst Johannes Paul II. können auch wir sagen: „Eine gütige Mutterhand hat das tödliche Geschoss abgelenkt, so dass wir gerettet werden konnten." Nach unserer Bekehrung sagten Priester zu uns: „Es gibt Menschen, die schon nach vier oder fünf Jahren Praxis in dieser Szene in die Psychiatrie eingewiesen werden mussten, während ihr zwanzig Jahre eures Lebens darin verbracht habt!?"

Dem heiligen Don Bosco wurde von Gott neben dem Himmel und dem Fegefeuer auch die Hölle gezeigt; der Weg dorthin führte kaum erkennbar immer tiefer und war anfangs umsäumt von Rosen, bis er abrupt vor einem Abgrund endete. Von dort ging es dann steil nach unten und die Seelen polterten in die Hölle. Genau vor diesem Abgrund standen wir. In der Kinderbibel meiner Enkelin fand ich ein Bild, auf dem sich das verirrte Schäfchen in einem Strauch verfangen hatte, der über einem Abgrund hing. Genau vor diesem Abgrund rettete Jesus, der Gute Hirte, auch uns.

Später habe ich Jesus einmal gefragt, warum er es mit mir so weit hat kommen lassen. Seine Antwort lautete: „Dadurch wollte ich meine große Barmherzigkeit beweisen, die auch dem größten Sünder nachgeht und versucht, ihn zu retten. Und Satan wurde dadurch gedemütigt, denn er betrachtete euch schon als absolut sichere Beute."

1 Weg und Ziel der dunklen Mächte

„Gebt Acht, dass euch niemand mit seiner Philosophie und falschen Lehre verführt, die sich nur auf menschliche Überlieferungen stützen und sich auf die Elementarmächte der Welt, nicht auf Christus, berufen. Denn in ihm allein wohnt wirklich die ganze Fülle Gottes“ (Kol 2,8–9).

Was verbirgt sich hinter der geistigen Idee der Esoterik, des Okkultismus und des Spiritismus? Welches Ziel verfolgen die Mächte, die dazu verleiten, und inwiefern widerspricht diese Idee dem christlichen Glauben und der Lehre der Kirche? Laut Lexikon bedeutet Esoterik „Geheimlehre“, etwas, das nur für Eingeweihte zugänglich ist. Okkultismus heißt ebenfalls: geheim, verborgen. Der Okkultismus ist die Lehre von übersinnlichen Wahrnehmungen übernatürlicher Kräfte und Erscheinungen.

Inzwischen ist dieses sogenannte Geheimgut zum Allgemeingut geworden. Als mein Mann und ich vor etwa 35 Jahren mit der Praxis von Yoga und Meditation begannen, galten wir als Exoten und äußerst verdächtig. Inzwischen ist es fast umgekehrt. Als bekennende Katholiken halten uns die meisten Leute für extrem, fundamentalistisch, zurückgeblieben und im besten Falle für lächerlich. Dagegen ist Esoterik „in“, sie wird in Kindergärten, Schulen, Familienbildungsstätten aller Konfessionen, Arzt- und Massagepraxen, Rehakliniken, Firmen und bis in die christlichen Gemeindezentren und Ordensgemeinschaften hinein praktiziert. Wie tödlicher Nebel durchdringt dieses Gedankengut allmählich beinahe jeden Bereich menschlichen Lebens.

In der heutigen Zeit versucht der Widersacher Gottes, dessen Existenz als Person wir zur Kenntnis nehmen müssen, die vollkommene Herrschaft über die Menschheit anzutreten und Gottes Geist in ihr auszulöschen. Doch er und seine Helfershelfer, all die bösen Geister, können nur eindringen, wenn sie geöffnete Türen vorfinden. Der Böse versteht es sehr gut, mit der Unwissenheit, Ignoranz und Blindheit der Menschen zu spielen, und er weiß, wie er in die Seele, in den Geist eines Menschen oder in eine ganze Gruppe eindringen kann, ohne dass man diese zerstörerische Komplizenschaft gesucht hätte, ja, ohne es überhaupt zu bemerken!

Der Böse sucht in uns als ersten Komplizen den Mangel an geistlicher Kompetenz, diesen Mangel an Liebe zur Wahrheit. Unwissenheit und Blindheit führen oft zu geistlicher Taubheit. Das Ziel des Bösen, ja geradezu seine „Berufung" ist es zu zerstören, auseinanderzutreiben, zu tiefem Ungleichgewicht zu führen und die Liebesfähigkeit, die Harmonie in der Beziehung zwischen Gott und Mensch sowie zu den Mitmenschen zu zerstören, um Seelen zu gewinnen. Ein vom Bösen infiltrierter Mensch wird nach einiger Zeit ein inneres „Handicap" spüren, oft als Konsequenz bestimmter Praktiken, die dem immer heftigeren Eindringen des Bösen die Tür öffnen und den Menschen zu einem Gefangenen machen. Die Folgen sind ein zunehmendes Sich-Verschließen gegenüber der Außenwelt, innere Ängste oder Verhärtungen.

Alle esoterischen und okkulten Praktiken sowie die dahinterstehenden Ideologien bis hin zum Satanismus sollen zu einem neuen Zeitalter, dem „New Age", hinführen. Allen diesen Richtungen liegt der Selbsterlösungsgedanke zugrunde. Das angegebene Ziel soll entweder die Auflösung der Individualität in das höhere Selbst oder die Vergöttlichung des Menschen sein. Der Ursprung all dieser Praktiken ist die Rebellion gegen Gott. Gerade in der jetzigen Zeit, in der die feindlichen Mächte und Gewalten uns von dem wahren Gott trennen wollen, sollten wir als Christen ausschließlich auf die einzig sichere Karte setzen: auf das Wort Gottes und den Namen Jesus Christus.

In 1 Tim 4,1–3 lesen wir: *„In späteren Zeiten werden manche vom Glauben abfallen. Sie werden sich betrügerischen Geistern und den Lehren von Dämonen zuwenden, getäuscht von heuchlerischen Lügnern, deren Gewissen gebrandmarkt ist.“* Jesus sagte deutlich: *„Viele falsche Propheten werden auftreten und sie werden viele irreführen, und weil die Missachtung von Gottes Gesetz überhandnimmt, wird die Liebe bei vielen erkalten.“ – „Wenn dann jemand zu euch sagt: Seht, hier ist der Messias!, oder: Da ist er!, so glaubt es nicht. Denn es wird mancher falsche Messias und mancher falscher Prophet auftreten und sie werden große Zeichen und Wunder tun, um, wenn möglich, auch die Auserwählten irrezuführen“* (Mt 24,11–12, 23–24).

Ich selbst kann mich daran erinnern, dass damals in der Esoterikszene weltweit immer wieder bekanntgegeben wurde: „Jetzt taucht der Christus auf“, der auch Maitreya genannt wurde. Einmal sollte dies in London geschehen. Zu der angegebenen Zeit sammelten sich dort Scharen von Reportern und erwartungsvollen Menschen. Das einzige aber, was man zu sehen bekam, war eine Person, die plötzlich von irgendwoher gekommen war, sich schnell wieder entfernte und verschwand. Dies wiederholte sich mehrmals, und wir können daraus erkennen, wie wörtlich Jesu Aussage zu nehmen ist!

In der esoterischen Szene wird viel von Liebe, Frieden und einer zukünftigen paradiesischen Welt gesprochen. Tatsächlich geht es aber immer um das eigene Ego. Ich habe einmal an einem Kurs teilgenommen, der bezeichnenderweise hieß: *Me, Myself and I* – Ich, Ich und wieder Ich! Viele dieser esoterischen und okkulten Praktiken und Methoden scheinen immer wieder Erfolge sowie Heilungen bis zu scheinbaren Wundern aufzuweisen, wie ich es selbst bei meinen Behandlungen als Geistheilerin erlebt habe. Diese Art von Heilungen sind jedoch nicht von Dauer und verlangen einen hohen Preis. So geheilte Menschen erkranken meist nach kurzer Zeit an anderen Stellen des Körpers. Außerdem werden sie durch diese Art von Behandlung geistig massiv belastet. Satan kann nicht wirklich heilen, so wie er auch kein Leben schaffen kann. Dies kann nur Gott, unser Schöpfer.

Dr. Samuel Pfeifer, Chefarzt einer Psychiatrischen Klinik, schreibt in seinem Buch *Gesundheit um jeden Preis:* „Unchristlicher Glaube an geistige Kräfte öffnet diesen Tür und Tor. Dann verselbständigen sie sich, so dass sie die Macht über uns übernehmen und uns binden können." Geschieht eine Heilung, dann wird behauptet: „Aha, es hat funktioniert, also muss es gut sein und von Gott kommen." Oder man segnet esoterische Mittel, z. B. Bach-Blütentropfen, im Namen Jesu und meint, damit wären diese Mittel frei von negativen Wirkungen. Ein Pater meint dazu recht drastisch: „Mist bleibt Mist!" Pater Clemens Pilar wird in einem Gespräch mit mir noch deutlicher: „Selbst wenn man Porno segnet, bleibt es Porno."

Die Bibel warnt uns vor diesem blinden Glauben an irgendetwas, „wenn es nur hilft". Dem Evangelium und der Esoterik ist gemeinsam, dass beide der menschlichen Sehnsucht nach Heilung und Leben eine Antwort geben wollen. Während das Evangelium Menschen aufweckt für eine tiefe, auf allen Gebieten heilende Beziehung zu Gott, haben alle esoterischen Praktiken hingegen einen einschläfernden Charakter. Sie wollen die Menschen vordergründig zur Entspannung führen, versenken sie jedoch schleichend in geistigen Schlaf. Das führt zur Lethargie sowie zur Unempfindlichkeit gegenüber Gottes Plan für das eigene Leben und bis hin zum geistigen Tod. Im Glauben an Jesus Christus und seine Erlösungstat und in seiner Nachfolge gewinnen wir immer mehr das Format, das Gott uns von Beginn an zugedacht hat. Die dämonischen Kräfte dagegen versuchen, unsere Seele zu deformieren bis hin zum Seelenkrebs, der Depression, welche ja auch die Krankheit der Hoffnungslosigkeit genannt wird.

Wie heißt es in der Welt: „Jeder muss selbst wissen, was er will und was er tut", die Hauptsache ist, gesund, wohlhabend und glücklich zu sein. Materialismus, Egoismus, „Selbermachen" heißt die Devise. Auch Kinder sollen später einmal selbst entscheiden können, ob und welcher Religion sie angehören wollen. Ein geflügeltes Wort in der esoterischen Szene lautet: „Wir sind eben offen für alles."

Was verbirgt sich unter dem Begriff New Age?

In der letzten Zeit ist eine immer stärker werdende Tendenz zu spüren, das Wort Gottes herabzusetzen und für ungültig zu erklären. Ebenfalls wird versucht, Jesus Christus als einzigen Sohn Gottes sowie als Retter und Erlöser zu leugnen. Die Menschen stellen das Christentum als überholt und verfälscht hin. Sie kehren zurück zu heidnischen Bräuchen – z. B. zu ägyptischen, germanischen, keltischen – sowie östlichen Religionen und anderen Philosophien. Oft mischen sie verschiedene Elemente mit den bestehenden Bräuchen und Religionen, bis hin zu satanischen Praktiken.

Es wird gesagt: Der Dreifaltige Gott, den Jesus Christus verkündet hat, ist nicht der einzige und wahre Gott. Er gehört zu den niedrigen und schwachen Gottheiten und muss zurückgewiesen werden. Deshalb gab es ihrer Meinung nach im Christentum, dem Zeitalter der Fische, immer wieder Kriege. Die höheren Mächte des Wassermann-Zeitalters sollen nun das „New Age“ bringen, ein Zeitalter mit neuen, besseren Werten. Darum muss das alte Zeitalter umgedreht und ausgelöscht werden.

Die-New-Age-Bewegung verkündet, der Mensch habe Gott nach seinem eigenen Bild erschaffen. Es gebe keine Schöpfung, sondern nur die Evolution. Der Mensch sei Teil des Kosmos und gehe nach vielen Leben in dem „kosmischen Christus“ auf, er werde also selbst zu Gott. Schon die Schlange im Paradies, Satan, der Lügner von Anbeginn an, begann seine Verführung mit den Worten: *„Ihr werdet sein wie Gott“* (Gen 3,5).

Diese Bewegung wendet sich hauptsächlich gegen das Christentum, gegen den Glauben an den einen Gott, der uns nach seinem Ebenbild geschaffen hat und auf die Erde kam als Retter und Erlöser. Das New Age lehrt den „kosmischen Christus“, der jeweils auf die Menschen Jesus, Buddha, Mohammed oder andere herabsteigt. So soll es viele Erlöser geben. Es wird empfohlen, vergleichende

Religionswissenschaften zu studieren, um herauszufinden, welche Lehre für einen persönlich die passendste ist. Auf diesem Hintergrund ist es klar, dass die neue Weltordnung und Weltregierung, von der die New-Age-Anhänger sprechen, durch und durch antichristlich ist.

Wenn der Mensch also sein will wie Gott, dann findet man gerade in der Esoterik und dem Okkultismus ein weit geöffnetes Tor für Luzifer, den man in der New-Age-Bewegung sogar anbetet. David Spangler, einer der Wortführer der New-Age-Bewegung, schrieb im Jahr 1978: „Luzifer wirkt in jedem von uns, um uns in einen Zustand der Vollkommenheit hineinzuführen. Wenn wir in ein neues Zeitalter eingehen, eben besagtes Wassermann-Zeitalter, wird jeder von uns auf irgendeine Weise an den Punkt gelangen, sich Satan zu weihen. Das bezeichne ich als Luziferische Initiation, d. h. Weihe an Luzifer."

Luzifer ist der Leitstern der heutigen New-Age-Bewegung. Es gibt im New Age Leute, die Buddha, Shiva und eine Anzahl neuer Götzen anbeten. Auch die Hexerei kann man als eine Säule der New-Age-Bewegung bezeichnen. Ein wesentlicher Bestandteil sind ebenfalls bestimmte Psychotechniken, z. B. Yoga, bestimmte Meditationsarten, Zen, Reiki, Hypnose und Positives Denken. Auch Drogen sind ein Weg, um Menschen für die New-Age-Lehre zu öffnen, sowie heute weit verbreitete wissenschaftlich nicht fundierte Heilmethoden und Mittel, unter anderem Homöopathie, Bach-Blütentropfen und viele andere.

Ist der christliche Glaube intolerant?

Im Brief an die Gemeinde in Pergamon, den der auferstandene Menschensohn dem Apostel Johannes diktierte (vgl.

Offb 2,13), werden einige Gemeindemitglieder getadelt, die an der Lehre Bileams und an der Lehre der Nikolaiten festhielten und Dinge taten, die mit dem Glauben an Jesus Christus nicht zu vereinbaren waren. Kann denn in unserer heutigen aufgeklärten Welt nicht alles nebeneinander Bestand haben? Kann man nicht die verschiedensten Dinge vorteilhaft miteinander verbinden? Der Leitgedanke, dem inzwischen auch viele Theologen anhängen, heißt: „Einheit in der Vielfalt." Darauf gibt Pater Clemens Pilar folgende Antwort: „Wird nämlich der Sauerteig der Lüge toleriert, dann wird nach und nach die ganze Gemeinde vergiftet. In den letzten vierzig Jahren haben wir erlebt, wie in vielen Gemeinden die Nebel der Verwirrung aufgezogen sind. Zu lange hat man die Vermischung und Verwirrung des Glaubensgutes hingenommen. Eine falsch verstandene Toleranz hat die Türen für Götzen der unterschiedlichsten Art weit geöffnet. Es ist nicht egal, auf welche Kräfte der Mensch baut. Nicht alle religiöse Wege führen zum gleichen Ziel und nicht alle diese Wege sind für den Menschen gut. Gott ist ein eifersüchtiger Gott, weil er mit Eifer sucht und tut, was den Menschen rettet. Jesus zeigt keinen Weg zum Leben, er *ist* der Weg. Jesus lehrt nicht irgendeine Ideologie, er *ist* die Wahrheit. Und er gibt nicht irgendwelche Kräfte, die Leben schenken, er *ist* vielmehr das Leben. Deshalb wird jeder Weg, der an Jesus vorbeiführt, am Leben vorbeiführen."

Und Papst Johannes Paul II. sagte dazu: „Wir [Christen] verneigen uns vor der Weisheit in den anderen Religionen. Wir aber verkündigen den einzigen Sohn Gottes, Jesus Christus." Aus der Zeitschrift der überkonfessionellen Bewegung *Campus für Christus (Esoterik 1)* möchte ich zitieren: „Der christliche Gott ist unser Schöpfer, der sich als liebender Vater in Jesus Christus als Heiland und Erlöser uns zuwendet und mit dem wir im Glauben an Jesus Christus enge Gemeinschaft haben können. Der qualitative Unterschied zwischen Schöpfer und Geschöpf bleibt jedoch bestehen. Der Glaube an den Erlöser beginnt gerade dort, wo wir aufhören, uns selbst erlösen zu wollen und die Vergebung und Neuwerdung im demütigen Vertrauen beanspruchen. Selbst wie Gott sein zu wollen, macht uns immun gegenüber dem Erlösungswerk Jesu Christi und ist die Ursünde des Menschen. Leider kommt noch eine zusätzliche Dimension hinzu. Jeder erfahrene Seelsorger weiß von zahlreichen Fällen zu berichten, wo Menschen, die aktive Formen der östlichen Esoterik und des Aberglaubens praktiziert haben, in mehr oder weniger starkem Maße in Abhängigkeiten gegenüber Geistesmächten geraten sind, die nur durch eine bewusste Abwendung und Befreiungsgebete durch bevollmächtigte Priester im Namen Jesu Christi gelöst werden können.“

Durch Jesus Christus hat Gott uns alles gesagt. Wir brauchen Jesus in nichts nachzubessern, weder durch esoterische oder okkulte Praktiken und Techniken noch durch Hinwendung zu anderen Philosophien und Bewegungen, wie z. B. Hinduismus, Buddhismus, Taoismus, Schamanismus und anderen nichtchristlichen Richtungen, die uns aus aller Welt und jeder Zeitepoche angeboten werden.

2 Mein erster Schritt in die Esoterik: Yoga

Mein Zeugnis möchte ich beginnen mit den Worten unserer Mutter Maria aus dem Magnifikat (vgl. Lk 1,46–47.49):

„Meine Seele preist die Größe meines Herrn und mein Geist jubelt über Gott, meinen Retter, denn der Mächtige hat Großes an mir getan und sein Name ist heilig."

Mit dem Psalm 30,2.4 bete ich weiter:

„Ich will dich rühmen Herr, denn du hast mich aus der Tiefe gezogen. Herr, du hast mich herausgeholt aus dem Reich des Todes, aus der Schar der Todgeweihten zum Leben gerufen."

Wie das Volk Israel habe auch ich mit meiner Familie vierzig Jahre in der Wüste verbracht, bis uns Gott durch seine Gnade in das „Gelobte Land" führte. Es waren Jahre, in denen ich mich von Gott entfernte, in schwere Sünde verfiel und in die Fänge von Esoterik, Okkultismus, Götzendienst und Blasphemie geriet. Meine Familie und viele Menschen wurden dabei mitgerissen.

Als Kind wuchs ich im katholischen Glauben auf und hatte eine innige Beziehung zu Jesus und Maria. Da in unserer Pfarrgemeinde oft Missionen von Weißen Vätern abgehalten wurden, trug ich mich bis zum 16. Lebensjahr sogar mit dem Wunsch, als Schwester in die Mission nach Afrika zu gehen. Doch dieser Impuls wurde von meiner Familie nicht unterstützt. Später hörte dieser intensive Kontakt zur Kirche auf und ich ließ mich treiben.

Nachdem ich meinen zukünftigen Ehemann kennengelernt hatte, ließen wir uns zwar noch katholisch trauen, auch wurden unsere vier Töchter und unser Adoptivsohn getauft und zur Kommunion und Beichte hingeführt, doch lebten wir nicht mehr im Glauben. Wir gingen völlig im Materialismus auf. Konsum in jeder Form wie Essen, Rauchen, Alkohol war unser Lebensinhalt geworden. Da mein Mann sehr gut verdiente, konnten wir uns das leisten. Wir fuhren zwei Autos, kleideten uns stets nach der Mode und kauften das Neueste für Haus und Garten. Bei unseren Einkäufen benötigten wir zwei bis drei Einkaufswagen, die wir zuerst mit alkoholischen Getränken und Zigaretten, dann mit Süßigkeiten und Fleisch füllten.

Als unser Haus für sieben Personen zu klein wurde, ließen wir uns von bekannten Architekten Pläne für Anbauten ausarbeiten. Diese Pläne wurden dann zwar nicht mehr ausgeführt, mussten aber von uns bezahlt werden.

Mein Mann und ich begannen, Turniertennis zu spielen, und so wurde der Tennisverein zu unserer Gemeinde. Dieses Leben war verbunden mit gesellschaftlichen Verpflichtungen und vielen Feiern, die oft bis in die Morgenstunden dauerten. Dadurch blieb der Frühstückstisch bis abends oder auch bis zum nächsten Morgen gedeckt und wurde nur nach Bedarf aufgefüllt. Durch diese Lebensweise ohne Glauben und Gott zog immer mehr Chaos in unser Leben ein und die Probleme in der Ehe, in der Familie und mit der Gesundheit nahmen zu. Jeder Bereich unseres Lebens geriet immer mehr außer Kontrolle.

Obwohl mein Mann noch sehr jung war, stellten sich Herz-Rhythmus-Störungen bei ihm ein. Ich selbst griff, um den Alltag einigermaßen bewältigen zu können, immer öfter zu starken Beruhigungsmitteln, die ich oft auch zusammen mit Alkohol und Zigaretten regelmäßig zu mir nahm. Mit der Zeit war ich nur noch ein Schatten meiner selbst, und es konnte geschehen, dass selbst gute Bekannte mich nicht wiedererkannten. Immer mehr wurde mir bewusst, dass ich auf dem besten Weg war, alkoholabhängig zu werden, wenn ich es nicht schon längst war. Und niemand konnte mir helfen. Ich erinnere mich, dass es mich einige Male, wenn ich nicht mehr ein noch aus wusste, in die Kirche zur Messfeier zog. Aber dabei blieb es dann auch. Schließlich fehlte mir die Kraft, mich um den Haushalt und meine Kinder zu kümmern. So blieben sie weitgehend sich selbst oder Hilfskräften überlassen.

Irgendwann las ich dann einen Bericht über Hatha-Yoga. Die Praxis dieser Yoga-Übungen sollte zu mehr Gelassenheit, Ausgeglichenheit und Erfolg auf den verschiedensten Ebenen führen. Das wollte ich ausprobieren, in meiner verzweifelten Verfassung erschien mir dies wie der rettende Strohhalm, und so kaufte ich mir ein Buch darüber. Schon bei der ersten ganz einfachen Übung spürte ich, dass eine sonderbare neue Kraft in mich einzog. Das bewog mich, ab sofort regelmäßig morgens und abends eine halbe Stunde Yoga zu praktizieren. Dadurch wurde ich wieder hoffnungsvoller und selbstbewusster, und es schien aufwärts zu gehen. Viele meiner Freundinnen und Bekannten aus dem Tennis- und Volleyballverein waren äußerst beeindruckt von meiner neuen Vitalität, und einige von ihnen begannen ebenfalls mit Yoga-Übungen.

Was ist Yoga?

Yoga, das in verschiedenen Ausprägungen aus dem Hinduismus zu uns gekommen ist, befindet sich auf dem besten Wege, buchstäblich die westliche Welt zu erobern, vielfach auch christliche Kreise. In Indien haben die Menschen dagegen erkannt, dass es ihnen in schwierigen Situationen nicht das bringt, was sie ersehnen. Charismatische indische Christen lehnen deshalb eine Kombination von Yoga und Christentum aufs Schärfste ab.

Yoga[1] (Sanskrit: Joch) soll nach der indischen Philosophie über körperliche und seelische Anstrengungen sowie über asketische Zucht zur Erlösung führen, zur Vereinigung von *Atman*[2] mit *Brahman*[3] – „ihr werdet sein wie Gott". Das im Westen vornehmlich praktizierte Yoga ist Hatha-Yoga. Es wird heute oft als rein heilgymnastische Körperübung, als eine gewisse Art von Lebensphilosophie angeboten und als seelische Entspannungsübung, als eine besondere Art von Gymnastik ausgeübt und soll religiös neutral sein. Hinter Yoga steht aber ein bestimmtes religiös-philosophisches Glaubenssystem, das nicht von der Praxis der Körperübungen getrennt werden kann.

Ein Kenner asiatischer Religionen schreibt: „Yoga erscheint harmlos als eine Folge von Übungen, führt aber die Menschen, ohne dass sie es merken, in eine neue Geisteswelt und in eine neue Form der Religion hinein." So, wie es mir geschah, gelangt man immer über das Körper-Yoga zu den damit zusammenhängenden Techniken wie Atemübungen, Muskeln und Nerven beherrschenden Körperhaltungen und letztendlich zu Meditation und Askese.

---

[1] Der Yoga-Praktizierende wird als *Yogi* (Mann) bzw. *Yogini* (Frau) bezeichnet. Diese weibliche Form bedeutet im Sanskrit auch „Zauberin". Als Yoginis werden Anhängerinnen der Göttin Kali (s. u.) bezeichnet.

[2] *Atman* (Sanskrit: Hauch, Seele) bezeichnet das Selbst, die individuelle Seele, den göttlichen Funken in jedem Menschen.

[3] *Brahman* (Sanskrit: das Absolute) bezeichnet das formlose allumfassende göttliche Prinzip, die „Weltenseele".

Yoga möchte den Menschen vergessen lassen, ihn von seiner Sinnenwelt lösen – sei es auch nur für kurze Zeit – und ihm vollkommenes Glück schenken. So entwickelt sich Yoga heute zu einer der größten Ersatzreligionen. Durch eigene körperliche und seelische Anstrengungen soll sich der Mensch emporschwingen, um sich schließlich mit „dem Göttlichen" mystisch zu vereinigen. Yoga ist Selbsterlösung, ein Weg von unten nach oben.

Der christliche Heilsweg hingegen führt von oben nach unten. Erst die Gnade, die Gott uns in Jesus Christus schenkt, bringt uns mit Gott in Verbindung; und außerdem haben wir die Erlösung schon geschenkt bekommen, wir müssen sie nur annehmen.

Die mit Yoga verbundene seelische Anstrengung hat sich als gefährlich erwiesen. Viele Menschen werden durch Yoga-Übungen nicht glücklicher, sondern verfallen oft in Depressionen. Nancy Fuller, eine Yoga-Kennerin aus Australien, meint dazu: „Körperliches Yoga führt zu geistigem Yoga, welches den Geist knechtet. Yoga kann vielleicht Spannung und Stress lindern, aber nicht ohne einen Preis zu fordern." Eine bekannte Yoga-Lehrerin fasste ihre Erfahrung so zusammen: „Über kurz oder lang verändert sich das Bewusstsein des Übenden." Und ein Hindu-Lehrer sagt ganz klar: „Es gibt keinen Hinduismus ohne Yoga und kein Yoga ohne Hinduismus." Dies wiederum lässt den Schluss zu, dass es kein christliches Yoga gibt.

Rabindranath R. Maharaj, der vor seiner Bekehrung zum Christentum als Guru verehrt wurde, warnt in seinem Buch *Tod eines Guru* vor Yoga und esoterischer Meditation als einer satanischen Falle. Wie man auch aus meinem Zeugnis ersehen wird, reicht die erste, scheinbar simple Yogaübung aus, um fremden Kräften die Tür zu öffnen.

Folgender Fall aus der Praxis bestätigt diese Erfahrung: Eine Mutter erzählte mir von ihrem Kind, das nachmittags völlig verwirrt und aufgelöst vom Kindergarten nach Hause gekommen war und in der folgenden Nacht ohne erkennbaren Grund längere Zeit geschrien hatte. Erst als sie mit ihm betete, konnte sie es beruhigen. Das Gleiche geschah in den folgenden Nächten. Schließlich erfuhr die Mutter, dass ihr Kind ohne ihr Wissen im Kindergarten an einer Kinder-Yoga-Gruppe teilgenommen hatte.

Zur Hatha-Yoga-Praxis gehören die Übungen der „Fünf Tibeter“ sowie der „Sonnengruß“, der in einer Gemeinde einmal statt der üblichen Fastenexerzitien angeboten wurde. Dieser sei – so hieß es im Gemeindeblatt – eine klassische Form leibgebundenen Betens, das aus einer Abfolge von unterschiedlichen Gebärden bestehe, durch welche die Grundeinstellungen des Lebens zum Ausdruck gebracht werden sollen, und es ende immer mit einer Meditation ...

Dies möchte ich mit einem Zitat aus einem Artikel von Pater Clemens Pilar kommentieren: „Viele [Christen] glauben auch gar nicht mehr an einen personalen Gott, sondern an eine unpersönliche Kraft des Universums. Und viele sagen, es sei letztendlich gleichgültig, was man glaubt, alle Religionen haben ihr Gutes. Hauptsache sei, dass es sich für einen selbst gut anfühlt. Der Relativismus hat längst Einzug gehalten in viele kirchliche Kreise“ (Vision 2000, *An vielen Orten ist Verwirrung eingezogen*).

3 Einstieg in die Meditation

„Der Geist sagt ausdrücklich: In späteren Zeiten werden manche vom Glauben abfallen; sie werden sich betrügerischen Geistern und den Lehren von Dämonen zuwenden, getäuscht von heuchlerischen Lügnern, deren Gewissen gebrandmarkt ist“ (1 Tim 4,1–3).

Nach etwa einem halben Jahr rief mich eine Bekannte an, die meine Situation kannte und mir die Transzendentale Meditation (TM) empfahl. Diese Frau erzählte von Menschen, die dadurch ein ganz neues Lebensgefühl gewonnen hätten. Eine weitere Hoffnung für mich! Ich erkundigte mich nach solchen Meditationskursen und erfuhr, dass es in der nahe gelegenen Stadt ein Meditationszentrum gab. Ein wohlhabender Fabrikantensohn, der eine Ausbildung zum Lehrer der Transzendentalen Meditation absolviert hatte, hielt in seiner Villa Einführungskurse in die TM ab. Wie viele Experten bestätigen, führte auch bei mir der Erfolg des Körper-Yogas dazu, mich mit weiteren Aspekten von Yoga zu befassen.

Die TM-Praxis folgt dem hinduistischen Mantra-Yoga und ist somit eingebunden in den hinduistischen Zusammenhang von Guru, Einweihung und Mantra. Trotzdem wird von Seiten der TM immer wieder auf die religiöse Neutralität verwiesen. So erscheint TM auch für Christen ansprechend. Die TM wurde uns als eine Technik angepriesen, die sowohl körperlich wie auch geistig der Reinigung diene. Es würden Ängste aufgelöst, Stress beseitigt, Gesundheit herbeigeführt und allgemein ein erfüllteres Leben erreicht werden. Ebenso würden die Abwehrkräfte und die Intelligenz gesteigert, mehr Energie, Kreativität und Produktivität entwickelt und eine harmonische Persönlichkeitsentfaltung herbeigeführt werden.

Die besondere Anziehung, die die TM ausübt, ist vor allem dadurch zu erklären, dass einem vorgegaukelt wird, dieses vielfältige Glück durch relativ wenig Anstrengung erreichen zu können, indem man morgens und abends zwanzig Minuten lang ruhig da sitzt und eine bestimmte Wortsilbe (Mantra) gedanklich ständig wiederholt. Gemäß der TM-Lehre rufe die stille Wiederholung dieses Wortklanges psychische Vibrationen hervor, welche wiederum auf die geistigen und körperlichen Fähigkeiten einen positiven Einfluss ausüben sollen.

Die TM ist weltweit die wohl bekannteste und am weitesten verbreitete östliche Meditationsart. Maharishi Mahesh Yogi (MMY), ein hinduistischer Mönch aus dem Himalaya, brachte diese Meditationsform in den Westen, zuerst nach Amerika. Dann verlegte er seinen Hauptsitz für lange Zeit in die Schweiz. Dort gab er 1972 einen „Weltplan für das Zeitalter der Erleuchtung" heraus und setzte eine „Weltregierung" ein. Nachdem er in Amerika bemerkt hatte, dass die Leute von seiner hinduistischen Auslegung des Weltgeschehens nicht gerade begeistert waren, holte er sich Physiker, Mathematiker und andere Wissenschaftler und verkündete nun in Büchern und unzähligen Videos „Die Wissenschaft vom Sein und die Kunst des Lebens".

Beeindruckt von den angepriesenen Konsequenzen der TM-Praxis meldeten mein Mann und ich uns für den nächsten Einführungskurs im nahen Meditationszentrum an – ohne damals die Tragweite dieses Entschlusses auch nur im Entferntesten zu ahnen. In den ersten beiden Tagen wurden wir auf die Einführungszeremonie, die *Puja,* vorbereitet. Diese sei eine Geste der Dankbarkeit gegenüber der Tradition der Weisen, die diese wunderbare Technik an uns weitergegeben hätten. Eine junge Christin, die später den Kurs abbrach, war besorgt, ob denn all das, was da Spiritualität sein sollte, vielleicht doch nichts anderes als „Nabelschau" wäre. Sie bekam die klassische Antwort zu hören: „Die von uns angebotene Technik hat nichts Religiöses an sich, sie macht es nur möglich, tiefere Bewusstseinszustände zu erreichen und verhilft dazu, die eigene Religion besser zu leben." Dass dieses Argument eine Lüge war, kann man aus meinem Zeugnis ersehen.

Nachdem wir so auf die Puja vorbereitet worden sind, waren wir bereit, uns auf diese Zeremonie einzulassen, um meditieren zu können. Wie nebenbei erfuhren wir anschließend noch die Kosten für diesen Fünftagekurs, dieser betrug die stolze Summe eines ganzen Monatslohns. (Wie viel wir damals tatsächlich bezahlt haben, kann ich heute nicht mehr sagen. Laut *sekten-info.nrw.de* verlangte ein Anbieter in Bremen im Jahr 2007 für so einen Kurs 2.320 Euro.)

Es war uns gesagt worden, dass wir als Gaben der Dankbarkeit für „Guru Dev" (Kurzform für Swami Brahmananda Saraswati, den Lehrer von MMY), vor dessen Bildnis die „Liturgie" stattfindet, Früchte, Blumen und ein weißes Taschentuch mitbringen sollen. Der TM-Lehrer fügte noch Reis, Kampfer, Sandelholz und Weihrauch hinzu. Und nun begann die eigentliche Zeremonie der Puja. Da dieser gesamte Ritus in Sanskrit ausgeführt wird, kann man nicht nachvollziehen, was sich da abspielt. Am

Ende der „Gabendarbringung“ lädt der TM-Lehrer den Kandidaten ein, sich zum Zeichen der Ganzhingabe an die „Göttliche Macht“ in Anbetung niederzuwerfen. Wenn der Kandidat sich nach einiger Zeit wieder erhoben hat, wird ihm vom Lehrer das Mantra übergeben. Dabei wurde uns eindringlich nahegelegt, das Mantra geheimzuhalten (es hieß, das Mantra wäre luft- und lichtempfindlich), es solle uns immer tiefer in einen Ruhezustand führen, wenn wir es zwei Mal täglich zwanzig Minuten lang meditierten. Diese Mantren sind Anrufungen hinduistischer Gottheiten, wie wir später erkannten.

Mit diesem ersten Niederfallen vor den Götzen des Hinduismus begann unser Verrat an dem einen wahren Gott. Dieser Puja, deren Bedeutung der TM-Lehrer bei seinem Vortrag so heruntergespielt hatte, kam im Weiheritus eine große Bedeutung zu. Nie und nimmer könnte man einen TM-Lehrer dazu bringen, ein Mantra anderswo als innerhalb einer Puja zu übergeben, denn allein aus der Puja bezieht das Mantra seine ganze Kraft.

Tatsächlich handelt es sich bei einer Puja – wie sie auch bei jeder weiteren Einführung, z. B. in die *Siddhis*[1], von denen ich später berichten werde, gehalten wird – um eine liturgische Zeremonie, die täglich Hunderte von hinduistischen Mönchen und Priestern in ihren *Ashrams*[2]

---

[1] Der Begriff *siddhi* stammt aus dem Sanskrit und bedeutet soviel wie Errungenschaft, Fähigkeit, Perfektion, Vollendung. Hier sind übernatürliche Kräfte gemeint, die man durch spirituelle Übung (Meditation, Yoga) erlangen soll.

[2] Ein *Ashram* (Sanskrit: Ort der Anstrengung) ist ein klosterähnliches Yoga- und Meditationszentrum, das von einem Guru spirituell geleitet wird.

durchführen. Der Leiter der Zeremonie, hier der TM-Lehrer, bringt dabei in seinem Namen sowie im Namen des Kandidaten den „Meistern der Tradition" Opfergaben dar. In diesen Meistern soll sich, dem hinduistischen Glauben zufolge, das „Göttliche Prinzip" manifestiert haben. Deshalb werden sie als Vergöttlichte betrachtet.

MMY erklärt diesen Vorgang in seinem Buch *Meditations of Maharishi Mahesh Yogi* folgendermaßen: „Wir tun hier etwas gemäß den althinduistischen vedischen Riten. Insbesondere durch das Wiederholen der Mantras (Chanten) rufen wir eine Wirkung in einer anderen Welt hervor und erwecken die Aufmerksamkeit jener höheren Wesen oder Götter, die sich dort befinden. Das ganze Wissen der Mantras oder der vedischen Hymnen soll zur Beziehung und Verständigung des Menschen mit diesen höheren Wesen dienen."

All dies wird den Meditierenden verschwiegen und dabei bewusst der Eindruck erweckt, es handle sich bei der TM um eine Wissenschaft und Technik, die nichts mit Religion zu tun habe. Die Meditation im östlichen Sinn bedeutet Entleerung und völliges Abschalten des Verstandes. Dadurch besteht die große Gefahr, ähnlich wie unter Einwirkung von Drogen oder bei der Hypnose, unter den Einfluss von dämonischen Mächten zu geraten, da nun der seelische Panzer, der normalerweise einen Schutz darstellt, aufgebrochen ist.

Rabindranath Maharaj warnt uns deshalb vor den Praktiken der östlichen Meditation und dem Yoga: „Aufgrund meiner eigenen mystischen Erfahrungen und häufig erlebten Trancezuständen bin ich davon überzeugt, dass es Geistwesen sind, die den Verstand der Meditierenden manipulieren können, wenn er völlig passiv gemacht wird."

Der australische Neurophysiologe Prof. Dr. John C. Eccles († 1997), der im Jahr 1963 für seine Forschungen über das menschliche Gehirn den Nobelpreis erhielt und zu den führenden Gehirnspezialisten der Welt zählte, beschrieb das Gehirn als eine Maschine, die von jeglichem Geist von außen manipuliert werden kann, wenn es sich in einem Zustand der Passivität befindet. Und Yoga will eben durch diese Passivität zu einem veränderten Bewusstsein führen. Diese Tatsache ist nur wenigen bewusst.

Jeglicher Kontakt mit den von Gott abgefallenen Engeln ist Christen strengstens verboten (vgl. Dtn 18,11, Ex 20,3ff, Lev 19,26) und kann zu Belastungen und tiefen Bindungen führen. Die besondere Gefahr bei TM sowie ähnlichen hinduistischen Praktiken wie Zen oder Reiki besteht in der Verbindung von einer geistigen Leere und Passivität mit dem aktiven Wiederholen des Mantra zu dem ausdrücklichen Zweck – ich zitiere Maharishi –, „die Aufmerksamkeit von höheren Wesen und Gottheiten zu wecken."

„Christliches Gebet hingegen ist keine Übung in Selbstversenkung, Stille und innerem Leerwerden, sondern ein Dialog der Liebe, ein Dialog, der eine Haltung der Umkehr mit sich bringt, eine Hinwendung vom Ich zum Du Gottes. Es führt zu einer immer vollständigeren Hingabe an den Willen Gottes, wobei wir zu einer tiefen, echten Solidarität mit unseren Brüdern und Schwestern eingeladen sind" (aus: *Jesus Christus, der Spender lebendigen Wassers).*

Der Friede und die Erfüllung sowie die tiefe Freude, die uns durch den Glauben an Jesus gegeben werden, sind von einer viel tieferen Qualität und dauern über den Tod hinaus. Jesus sagt: *„Ich bin die Tür; wer durch mich hineingeht, wird gerettet werden [...] Der Dieb kommt nur, um zu stehlen, zu schlachten und zu vernichten; ich bin gekommen, damit sie [meine Schafe] das Leben haben und es in Fülle haben“* (Joh 10,9–10).

Durch die Hingabe unseres Lebens an Jesus Christus steigt aus tiefstem Herzen der Name Jesus auf (oder wir beten: Jesus, Sohn Gottes, erbarme dich meiner, oder: Jesus, ich liebe dich). Durch das Wiederholen des Namens Jesus werden wir immer mehr zu seinem Eigentum. Das Jesus-Gebet entspringt der Beziehung des Menschen mit Gott. Yoga und Magie gehen dagegen Hand in Hand und führen immer weiter von Gott und von der Realität weg. Hierin liegt ein Hauptpunkt des Gegensatzes zwischen New Age und Christentum.

Der gesamte „Yoga-Komplex“, wozu eben auch die TM gehört, ist eine Verneinung des Lebens. Der wahre Yogi muss diesem Leben „sterben“ und seine Persönlichkeit, die durch Zeit und Geschichte geprägt ist, „opfern“. Der eifrige Yoga-Schüler sieht diese Welt nicht mehr als wirklich an, weshalb sich seine ganzen Erfahrungen um sein Ich drehen, da es ja sein Ziel ist zu erkennen: „Ich bin Brahman“, also Gott.

Der Christ, der sich an die Lehre der Bibel hält, kann kein Yoga praktizieren und nicht dessen Philosophie vertreten. Für ihn ergeben sich etliche Einwände. Zunächst gegen die Auffassung, der Körper sei göttlich, weil das unbiblisch ist und letztlich in den Götzendienst der Selbstanbetung führt. Der Gott der Bibel sagt: *„Ihr sollt keine anderen Götter neben mir haben.“* Nicht der Mensch hat Gott geschaffen, wie es das New Age lehrt, sondern Gott hat den Menschen geschaffen – nach seinem Abbild.

Dann lehrt die Bibel, dass Gott der Schöpfer verschieden ist von seiner Schöpfung. Gott und der Mensch sind nicht dasselbe. Um dem Göttlichen zu begegnen, schaut der Christ nicht auf sich selbst, sondern auf Christus. Und schließlich findet er sein Heil nicht in der Selbsterlösung durch eigene Anstrengungen, sondern dadurch, dass er sich demütigt und sein Vertrauen auf den stellvertretenden Tod Jesu Christi am Kreuz setzt.

Ein weiterer Einwand ist, dass nach biblischer Lehre nur durch Buße, Umkehr und Glaube an den Tod Jesu Christi und an seine Auferstehung Sühne und Rettung erwirkt wird und eine innere Reinigung geschieht: *„Das Blut seines Sohnes Jesus reinigt uns von aller Sünde“* (1 Joh 1,7).

Sünde ist bittere Realität und nicht nur Unwissenheit oder Illusion. Der Christ wird nicht dadurch gerettet, dass er sein „wahres Ich“ erkennt, sondern allein durch die Erkenntnis dessen, was der Sohn Gottes für ihn getan hat. Es ist äußerst wichtig zu beachten, dass Yoga lehrt, das „wahre Ich“ sei göttlich, daher vollkommen. Die Bibel aber sagt: *„Es gibt keinen, der gerecht [d.h. ohne Sünde] ist, auch nicht einen“* (Röm 3,10).

Yoga-Lehrer behaupten, Yoga sei das Geheimnis wahren Lebens. Im ersten Johannesbrief lesen wir jedoch: *„Wer den Sohn hat, hat das Leben“* (1 Joh 5,12). Der wahre Christ wendet sich deshalb nie an unbekannte mystische Kräfte oder Mächte, ganz gleich, in welcher Art und Weise sie an uns herantreten, sondern an Jesus Christus, den zu erkennen ewiges Leben bedeutet (vgl. Joh 17,3).

Es gibt keine neutralen geistigen Mächte. Die ganze

Bibel, von der Genesis bis zur Offenbarung, lehrt, dass es grundsätzlich zwei Quellen der Macht gibt: die göttliche und die satanische. „Darum ist notwendigerweise nicht jeder Machterweis (Wunder o. ä.) von Gott, und bei weitem nicht alle Machterweise Satans und scheinbare Heilungen und Wunder sind als böse zu erkennen" (Rabindranath Maharaj). Bitten wir also den Heiligen Geist inständig um die Gabe der Unterscheidung der Geister!

Nachdem mein Mann und ich nun den Einführungskurs absolviert und jeder sein persönliches Mantra erhalten hatte, begannen wir, regelmäßig morgens und abends zu meditieren, d. h., wir wiederholten ständig das uns gegebene Mantra. Zuvor stimmten wir uns mit bestimmten Übungen *(Asanas)*[1] auf diese Meditation ein. Von nun an besuchten wir regelmäßig das TM-Zentrum und wurden dort immer mehr mit dem hinduistischen Glauben vertraut gemacht.

Um den Meditationslehrer hatte sich eine feste Gruppe von Schülern gebildet. Regelmäßig zeigte man uns Videos von dem Gründer Maharishi und gab uns hinduistische Kultbücher wie die *Bhagavad Gita* sowie Bücher von hinduistischen Mönchen und Yoga-Meistern, z. B. von Yogananda, Muktananda, Sivananda und etlichen mehr zu lesen. (Nach meiner Umkehr konnte ich eine ganze Aschentonne mit solchen Büchern füllen, die ich auf diesem Weg entsorgt habe!)

Nach etwa einem halben Jahr ließen wir auch unsere Kinder, die damals zwischen vier und elf Jahre alt waren,

---

[1] *Asanas* (Sanskrit: sitzen) sind ruhende Körperhaltungen des Hatha-Yoga.

in die TM einführen; es gab für Kinder ein besonderes Übungsprogramm, und auch sie erhielten ein Mantra. Morgens und abends hatten wir nun für die ganze Familie unsere feste Meditationszeit, die jeder in seinem Zimmer abhielt. Damit dabei keiner gestört wurde, stellten wir währenddessen unsere Schuhe vor die Zimmertür. (Später erzählten uns die Kinder, dass sie diese Zeit der Ruhe oft dazu genutzt hätten, um ungestört lesen zu können.)

Sehr schnell ordnete sich nun unser Leben. Zigaretten, Alkohol und andere Exzesse fielen weg. Auch das Chaos in unserem Haus löste sich auf und immer größere Ordnung trat ein. Von dieser Verwandlung waren unsere Verwandten und Freunde äußerst beeindruckt und wir konnten viele, unter anderen auch Ärzte, davon überzeugen, ebenfalls TM zu praktizieren.

Allerdings gerieten wir nun in ein anderes Extrem. Durch die regelmäßigen Besuche in dem TM-Zentrum lernten wir viele Menschen kennen. Von ihnen erhielten wir Bücher über fast jeden Bereich des Lebens. Und wir probierten nach und nach vieles davon aus. Nachdem wir Alkohol und Zigaretten entsorgt hatten, durften unsere „normalen" Bekannten unsere Tiefkühlschränke leeren und alle Fleisch-Vorräte mitnehmen. Da ja die Tiere in der östlichen Philosophie als unantastbar und als Wiedergeburten betrachtet werden, wurden wir zwangsläufig Vegetarier und verzichteten auch auf Eier. Als nächstes wurde der Zucker verbannt und wir erwarben eine Getreidemühle. Morgens gab es nun ein Müsli aus geschrotetem Korn mit Früchten und Joghurt. Das Mittagessen bestand aus einem Rohkostsalat und Kartoffeln sowie einem mit Schrot angemachten Gemüse, natürlich alles biologisch.

In diese Zeit fiel ein Weihnachtsfest, an dem auf den Tellern der Kinder lediglich selbstgebackenes Früchtegebäck, Obst und Nüsse lagen. Meiner Mutter taten unsere Kinder leid, sodass sie zu ihrem Weihnachtsbesuch einen Vorrat an „Verbotenem" mitbrachte. Immer, wenn ich unverhofft das Wohnzimmer betrat, hörte ich das Rascheln von Papier und das Zuziehen eines Reißverschlusses – und meine Mutter und die Kinder schauten mich mit schuldbewussten Gesichtern an.

Diese radikalen Phasen dauerten allerdings nie allzu lange und wechselten sich mit Schlemmerzeiten ab. Aber immer wieder tauchten in all den Jahren in der Esoterik neue Ernährungsweisen auf, die wir ausprobierten, z. B. die Makrobiotik. Wir waren ständig am Experimentieren.

Neben Büchern über Ernährung gab es Schriften über Bekleidung und deren Beschaffenheit. Da wir in der Zeit unseres Konsums die damals modernen Synthetik-Produkte wie Kleidung, Oberbetten usw. für die ganze Familie angeschafft hatten, musste das nun alles entsorgt werden, da in unseren neuen Kreisen nur Wolle, Seide und höchstens noch Baumwolle akzeptabel waren. Es gab zwar Oberbetten aus Wolle zu kaufen, aber keine wollene Kleidung. Also begannen wir zu stricken. Zeitweise besaßen wir lediglich einen Pullover und eine Jacke.

4 Unser Leben im TM-Zentrum

Nachdem wir etwa ein Jahr lang TM praktiziert und wöchentlich das TM-Zentrum aufgesucht hatten, verkaufte der Meditationslehrer seine Villa und erwarb in einem Dorf eine riesige Anlage mit mehreren alten und neuen Gebäuden, wunderschön auf einem Berg gelegen und von einem Wald umgeben. Schon bald bekamen wir das Angebot, dort eine Ferienwohnung zu mieten. Nachdem wir etwa ein halbes Jahr lang die Wochenenden in dieser Wohnung verbracht hatten, wurde der Sog so stark, dass wir beschlossen, ganz dorthin umzuziehen. Wir ließen nun alles hinter uns, unser gemütliches Eigenheim inmitten einer großen Obstwiese sowie Freunde und Bekannte. Einige Freunde kamen zwar noch manchmal zu Besuch, doch es war deutlich zu spüren, dass wir in einer anderen Welt lebten. Einige waren auch sehr schockiert. Die Mutter der Freundin einer meiner Töchter war so empört über unsere für sie ungeheuerliche, fast menschenunwürdige Wohnsituation, dass sie damit drohte, es dem Jugendamt zu melden.

Wir wohnten wirklich äußerst primitiv. Unser „Waldhaus“ besaß im Obergeschoss drei winzige Durchgangszimmer. Der untere große Raum war nicht bewohnbar und wurde zur Aufbewahrung unserer Utensilien benutzt. Es gab kein Bad, und die Toilette befand sich im Keller. Zum Duschen mussten wir in das Nebenhaus gehen, was nicht immer ganz einfach war – einmal war z. B. die Außentreppe von einem Pferd blockiert. Die mitgebrachten Möbel, die in den kleinen Räumen keinen Platz gefunden hatten, lagerten wir in dem Keller eines der alten

Gebäude ein. Dort wurden sie später nach einer Überschwemmung unbrauchbar.

All das störte uns aber nicht, denn wir schätzten uns glücklich, in die Akademie aufgenommen worden zu sein, und unterstützten die Gemeinschaft auch finanziell. Wir zahlten Miete und arbeiteten im Zentrum mit. Z. B. half ich dabei, die Gebäude für Kurse vorzubereiten und sauber zu machen, oder ich half in der Großküche. Unsere Kinder wurden aus ihrem gewohnten Umfeld herausgerissen und nach einer strengen Überprüfung unserer Einstellung in eine Waldorfschule aufgenommen, was wir als eine Bevorzugung betrachteten.

Später erfuhren wir mehr über Rudolf Steiner und seine Anthroposophie, einer Mischung von christlichen und fernöstlichen Elementen, die unter anderem den Glauben an die Wiedergeburt – Reinkarnation – enthält. Nach dieser Lehre ist Jesus Christus nicht der Sohn Gottes, sondern jemand, in den das kosmische „Christusprinzip" eingezogen sein soll, als er mit dreißig Jahren in der Öffentlichkeit zu wirken begann. Auf Golgota soll dieser kosmische Christus den Menschen Jesus von Nazaret wieder verlassen haben. Und nun gilt es, sich mit diesem kosmischen Christusprinzip zu vereinen.

Die Liturgie des spirituellen Zweiges der Anthroposophen, der sich „Christengemeinde" nennt, besteht aus verschiedenen Elementen östlicher, germanischer, christlicher sowie anderer Philosophien. Diese Lehre widerspricht dem Wort Gottes und ist mit dem christlichen Glauben nicht zu vereinbaren. Daher kann sie auch nicht von den christlichen Kirchen anerkannt werden.

Mit der ganzen Familie besuchten wir weiterhin teure

Fortbildungskurse, die laufend erforderlich waren. So hatte z.B. das erste Mantra nach etwa zwei Jahren anscheinend seine Aufgabe erfüllt. Es hatte sozusagen das Bewusstsein genug aufgepflügt, so dass dieses bereit war für ein neues Mantra, für einen neuen Götzennamen. Dieses neue Mantra sollte uns weiter in Richtung Erleuchtung führen. So wurden wir immer mehr dem Einfluss dämonischer Kräfte ausgeliefert. Im Laufe der folgenden Jahre brachte der Guru Maharishi immer neue, oft spektakuläre Techniken heraus. Diese mussten in Kursen, die oft auch im Ausland (z.B. in Italien, Kroatien, Indien sowie in den USA) stattfanden, teuer erlernt und geübt werden. Darauf werde ich später noch eingehen.

Nach unserem Einzug in das Waldhaus arbeitete mein Mann trotz der räumlichen Enge und ohne Telefonanschluss zunächst für einige Monate weiter als Organisationsleiter einer großen Versicherungsgesellschaft. Die Tendenz auf der Akademie ging jedoch dahin, dass jeder, der hierher gezogen war, nach kurzer Zeit seine ursprüngliche Beschäftigung aufgab. Ein Freund beispielsweise legte die Arbeit an seiner Promotion nieder und bearbeitete stattdessen den Akademiegarten.

Meinem Mann erging es ebenso, er kündigte schließlich seinen hochdotierten Job und arbeitete auf dem weitläufigen Gelände ohne Bezahlung als Hausmeister. Die Firma meines Mannes war über seine Kündigung sehr schockiert. Als später einmal ein Team von Meditationslehrern dort eine Präsentation über die TM halten wollte, wurde es von dem Personalchef mit den Worten abgefertigt: „Die TM hat uns einen unserer besten Leute genommen. Ich wünsche hier keinen Vortrag über diese Technik!“

5 Ausbildung zur Meditationslehrerin

Nachdem wir einige Monate in dem Zentrum gewohnt hatten, begann unser TM-Lehrer gemeinsam mit seinem Team Intensiv-Kurse anzubieten. Den ersten sechswöchigen Kurs „Einführung in die Wissenschaft der kreativen Intelligenz und die Kunst des Lebens" besuchten mein Mann und ich gemeinsam. Unsere Kinder wie auch die Kinder anderer Kursteilnehmer wurden derweilen betreut, wir trafen sie lediglich im gemeinsamen großen Speisesaal zu den Mahlzeiten. Später erzählten sie uns, dass sie damals oft große Angst gehabt hätten.

Während des Kurses musste jeder Teilnehmer einen Vortrag halten. Nachdem ich den meinen beendet hatte, kam unser TM-Lehrer auf mich zu und meinte: „Du wirst TM-Lehrerin, ich mache dich dazu!" Durch diese Worte wurde mein Ehrgeiz geweckt und ein gewisses latent schlummerndes Sendungsbewusstsein aktiviert. Gepaart mit einem starken Geltungsdrang entwickelte sich daraus so etwas wie die Tendenz, „über Leichen zu gehen". Fast wäre es meine eigene gewesen ...

Nachdem wir diesen ersten Intensiv-Kurs beendet hatten, warteten wir gespannt auf weitere Kurse, besonders auf den angekündigten TM-Lehrer-Ausbildungskurs. Neun Monate später wurde ein solcher Kurs angeboten, dessen erster Teil auf dem Gelände unserer Akademie stattfinden sollte. Der gesamte Kurs sollte sich über zwei Jahre hinziehen und auch in verschiedenen anderen Zentren in der ganzen Welt stattfinden. Diese zwei Jahre waren unterteilt in jeweils drei Monate theoretischer sowie praktischer Abschnitte. Wie fast alle Mitbewohner auf dem

Akademiegelände wollte auch ich unter allen Umständen daran teilnehmen. Schon seit dem ersten Kurs war ich schließlich begierig darauf, den Status einer TM-Lehrerin zu erwerben. Mein Mann, der strikt dagegen war, da unsere fünf Kinder im Alter von inzwischen sechs bis dreizehn Jahren mich ja noch dringend brauchten, bat mich inständig, diese Idee aufzugeben. Ich stellte mich jedoch taub für alle seine Argumente, und auch die Bitten meiner Kinder konnten nicht verhindern, dass ich mir die Teilnahme an diesem Kurs erzwang. Ich lieh mir die Kursgebühren und zog in ein Zimmer in einem Nebengebäude. Für die Kinder organisierte ich verschiedene Betreuer, die ebenfalls auf dem Gelände wohnten.

Nachdem der Kurs begonnen hatte, führten meine Gewissensbisse, Stress mit meinem Mann sowie unkontrolliertes Ess- und Schlafverhalten dazu, dass es mir schon während der ersten beiden Wochen körperlich immer schlechter ging. Schließlich konnte ich während der Vorlesungen vor Schwäche und Schmerzen nur noch flach auf dem Boden des Seminarraumes liegen. Doch weder die Kursleitung noch ich selbst hielten diesen Zustand für bedenklich. Diese extreme Befindlichkeit wurde vielmehr äußerst positiv gesehen und als starke Stresslösung und Reinigung betrachtet. – Ähnliche Situationen, vielleicht nicht immer in solchem Ausmaß, haben wir auch bei anderen miterlebt oder davon gehört. Sie bestätigen das Urteil des Bundesverwaltungsgerichts vom 23. Mai 1989, das besagt, dass die Meditationsbegleitung durch die TM-Lehrer nicht ausreichend sei, da ihr kein fundierter therapeutischer Anspruch zugrunde liege (vgl. *sekten-info.nrw.de*. In dem gleichen Urteil wird bestätigt, dass die TM zu psychischen Schäden oder zu einer Persönlichkeitsstörung bei labilen Personen führen kann).

Nach etwa vierzehn Tagen stand es so schlimm um mich, dass ich nicht mehr aufstehen konnte und nur noch in meinem Zimmer herumlag. Kursteilnehmer stellten mir das Essen vor die Tür. Als sie nach zwei Tagen bemerkten, dass es immer noch unberührt war, kamen sie endlich auf die Idee, nach mir zu schauen. – Wir kamen schließlich zu der Erkenntnis, dass es sich wohl doch um eine schwerere Erkrankung handeln müsse und ich umgehend einen Arzt aufsuchen solle. Dieser Gedanke war mir zuvor auch nicht ansatzweise gekommen.

Nachdem ich mich in die örtliche Arztpraxis geschleppt hatte und dort mein Blut untersucht worden war, wurde ich in Windeseile ins nächstgelegene Krankenhaus auf die Isolierstation gebracht. Dort stellte man fest, dass meine Leberwerte so extrem hoch waren, dass sie zur Untersuchung nach England geschickt werden mussten. Ich stand unmittelbar vor einem Leberkoma.

Noch immer begriff ich den Ernst der Lage nicht und bat meinen Mann, mir meine Kursunterlagen zu bringen, da ich dachte, in vierzehn Tagen den Kurs fortsetzen zu können. Die Ärzte hatten jedoch mit meinem Mann gesprochen und ihm mitgeteilt, dass es keine Hoffnung für mich gebe: „Ihre Frau wird sterben." Erst als mein Mann mir diese Diagnose überbrachte, musste auch ich die Wahrheit meiner Situation anerkennen. Mir wurde bewusst, wie sehr ich meinen Mann und meine Kinder durch meinen Eigensinn vernachlässigt und verletzt hatte. Ich würde meinen Mann mit unseren fünf kleinen Kindern alleine zurücklassen! Bei dieser Einsicht packte mich schmerzhafte Reue, die mich in tiefste Verzweiflung fallen ließ.

In dieser hoffnungslosen Situation hatte ich auf einmal den starken Eindruck, dass Jesus neben meinem Bett steht. Diese tief empfundene Gegenwart durchflutete mich mit einem unsagbaren Frieden und ich legte mein Leben und meine Familie vertrauensvoll in seine Hände. Alle Verzweiflung und Hoffnungslosigkeit fielen von mir ab, und ich fühlte nur noch tiefe Geborgenheit – für mich und meine Familie. Dieses Gefühl hielt an, und nach etwa sieben Wochen auf der Intensivstation war ich soweit genesen, dass ich operiert werden konnte.

Wenn der Herr heilt, geht das oft mit einem Gefühl des Vergessens einher. In meinem Fall kam mir z. B. nie wieder in den Sinn, nach den Ergebnissen meiner Blutwerte zu fragen. Als ich nach neun Wochen schließlich die Klinik verlassen durfte, konnte ich an der Reaktion vieler um mich besorgter Menschen deutlich erkennen, wie erstaunt man über meine völlige Genesung war. Der TM-Lehrer und die Meditierenden sprachen jedoch immer noch von einer starken „Reinigung“ und „Stresslösung“.

Nach meiner Genesung trieb mich mein Ehrgeiz – oder vielmehr die Kräfte, denen ich gestattet hatte, Macht über mich zu gewinnen – wieder dazu, den ersehnten Status einer TM-Lehrerin zu erreichen. Da ich aber einsehen musste, dass es im Moment für mich unmöglich war, eine solche Ausbildung durchzuziehen, drängte ich stattdessen meinen Mann dazu.

Er fing schließlich mit der Ausbildung an und sollte nach drei Monaten gemeinsam mit einem Lehrer den ersten Meditationsvortrag halten. Zu diesem Vortrag erschien auch eine kleine Gruppe, die von einem katholischen Priester begleitet wurde. Sie begann unauffällig, leise im Hintergrund zu beten. Als nun mein Mann mit seinem Vortrag beginnen wollte, bekam er trotz einiger Anläufe keinen vernünftigen Satz heraus. Das schockte ihn so tief, dass er augenblicklich die Ausbildung abbrach.

Heute glauben wir, dass diese Störung auf das Gebet der christlichen Gruppe zurückzuführen ist, und wir sind davon überzeugt, dass Gott sowohl bei mir wie auch bei meinem Mann seine Hand über uns gehalten hat, denn als Meditationslehrer wäre man durch besondere, intensive Einweihungen noch mehr gebunden gewesen.

6 Meditationstechniken

Von dem Guru Maharishi wurden immer mehr Techniken verbreitet, die von Mönchen im Himalaya seit ungefähr 6000 Jahren ausgeübt werden. Die spektakulärste dieser Techniken war die sogenannte Flugtechnik (Levitation). In vielen Zeitschriften wurden Männer im Lotussitz abgebildet, die weite Sprünge vollführten. Wir hörten immer wieder, dass jemand für eine kurze Weile auch schweben konnte. Besonders aufgrund dieser spektakulären Technik wurde die TM und ihr Gründer weltweit bekannt.

Natürlich drängte es alle in der TM-Szene, diese Techniken zu erlernen. Wenn die entsprechenden Kurse nicht in unserer Akademie stattfanden, mussten wir dafür europaweit zu anderen Zentren reisen. So waren mein Mann und ich in den nächsten Jahren ständig unterwegs, umso mehr, da wir auch mit unseren drei älteren Töchtern zu den verschiedenen Einweihungen fuhren. Oft waren diese verbunden mit Vorbereitungskursen, vor allem für die Flugtechnik brauchte es mindestens sechs bis acht Wochen Vorbereitungszeit. Immer ging diesen Einweihungen die feierliche Zeremonie der Puja, die Huldigung an die Meister dieser Tradition, voraus.

Es wurde propagiert, dass all diese Praktiken, angefangen von speziellen Nasen-Atmungen und Yoga-Übungen bis hin zur Meditation, ergänzt von neuen Siddhi-Techniken, dazu dienen sollten, die Körper-Geist-Koordination zu trainieren. Man sollte in die Lage versetzt werden, all die möglichen geistigen und körperlichen Potentiale zu nutzen, indem man den Körper dazu bringt, das zu tun, was der Geist verlangt. Dies wiederum sollte zu einer

Erweiterung des Bewusstseins führen, um immer mehr eins mit dem „Kosmischen Göttlichen" und so selbst zu Gott zu werden.

In der TM wird behauptet, dass die Praxis des Yogischen Fliegens auf der Basis des „reinen Bewusstseins" funktioniere, welches durch die TM entstehe. Bei der Ausübung der Flugtechnik entwickle sich eine Leichtigkeit im Körper, und dann erhebe sich dieser in die Luft. Während des Fliegens empfinde man ein starkes Glücksgefühl. Wir haben jedoch oft genug davon gehört, dass Meditierende ununterbrochen geschrien hätten, während sie levitierten. Auch wir hörten in den sogenannten Flugsälen, in denen diese Meditationstechnik ausgeübt wird, immer wieder gellende Schreie, die wir jedoch als Ausdruck befreiender Stresslösung und als Reinigung des Bewusstseins interpretierten.

In der Bibel heißt es: *„Ihr wart tot infolge eurer Verfehlungen und Sünden. Ihr wart einst darin gefangen, wie es der Art dieser Welt entspricht, unter der Herrschaft jenes Geistes, der im Bereich der Lüfte regiert und jetzt noch in den Ungehorsamen wirksam ist"* (Eph 2,1–2).

Heute ist uns bewusst, dass die Mächte der Lüfte und andere Kräfte der Finsternis es sind, die diese Phänomene bewirken. Es ist bekannt, dass auch Heilige levitierten (so die heilige Teresa von Avila, die selige Mirjam von Abellin, der heilige Pater Pio u. a.). Sie wurden jedoch von der Kraft Gottes in der Ekstase emporgehoben. Von Mirjam wird berichtet, dass man sie öfters auf einem Baum wiederfand, von dem sie auf das Wort ihrer Oberin hin im Gehorsam wieder herabschwebte. Als sie jedoch einmal zögerte, diesen ekstatischen Glückszustand aufzugeben, fiel sie schmerzhaft herunter. Für die Heiligen war es ein Geschenk Gottes, wir jedoch wollten uns diesen Zustand erkaufen und durch stundenlanges Meditieren und Üben erzwingen.

Bald galten wir in der TM-Szene des deutschsprachigen Raumes als die ideale Vorzeigefamilie. In allem folgten wir dem Guru, den wir oft auch privat in seiner Residenz in der Schweiz besuchten. Wir fühlten uns äußerst bevorzugt, seinen Vorträgen und Audienzen beiwohnen zu dürfen.

Es ist interessant, dass TM-Zentren meist an geschichtsträchtigen Orten eingerichtet werden. Die beiden TM-Gebäude in Seelisberg beispielsweise sind durch eine verglaste Brücke miteinander verbunden. Jeder Schweizer, der das Schweizer Nationalheiligtum, die Rütli-Wiese, besucht, muss dabei unter dieser Brücke hindurchgehen ...

Der Guru betonte in seinen Videos zwar immer: „Bleibt bei euren Wurzeln." Infolge des ständigen Eintauchens in die hinduistische Philosophie, durch das Lesen von Schriften des östlichen Gedankenguts sowie das Ausüben all der TM-Techniken fand jedoch eine Art Gehirnwäsche statt. Wir verfielen Schritt für Schritt den östlichen Ideologien, später kamen noch solche Dinge wie Runen-Lesen und indianische Praktiken hinzu. Vieles schien auch sehr einleuchtend, z. B. das Gesetz des Karma und der Wiedergeburt. Ich fand einen gewissen Trost darin, dass Kinder, die im Slum geboren worden waren, im nächsten Leben eine neue Chance bekommen würden.

Nach der Lehre des Karma muss man versuchen, Leben für Leben durch Meditation, gute Taten und eigene Anstrengungen zu einem erleuchteten Menschen zu werden, um die Fesseln der materiellen Welt abstreifen und ins Absolute eintauchen zu können. Dabei soll sich die Individualität, die einzigartige Persönlichkeit auflösen wie ein Tropfen, der sich mit dem kosmischen Ozean vereinigt. Jesus Christus hingegen nimmt uns unsere Persönlichkeit nicht und verheißt uns als Person ein ewiges Leben in ihm und schon hier und jetzt ein Leben in Fülle (vgl. Joh 10,10). Das ist der große Unterschied.

Nach unserer Bekehrung wurden wir immer wieder von Meditierenden aus der TM-Szene gefragt: „Was ist jetzt anders an eurem Glauben?“ Ich konnte nur antworten: „Habt ihr ein persönliches Gegenüber, einen Vater, mit dem ihr sprechen könnt, von dem ihr wisst, dass er euch liebt, der immer für euch da ist und der euch nach diesem Leben zu sich in seine ewige Herrlichkeit holt?“ Das mussten sie verneinen. Das sogenannte Christusprinzip, das Absolute oder das *Nirvana*[1], wohin die Erleuchtung führen soll, ist unpersönlich. Es kann keine Beziehung entstehen. Mit dem Eintauchen in dieses unpersönliche Göttliche sollte man schließlich selbst sein wie Gott. In vielen Meditationen, wie sie z. B. bei Sai Baba üblich war, wird dann auch die Gotteslästerung wiederholt: „Ich bin Gott in Tätigkeit.“ Im Fernen Osten wird dieser Glaube an das Karma oft als ein Albtraum empfunden.

---

[1] Der Begriff *Nirvana* stammt aus dem Sanskrit und bedeutet soviel wie „verwehen“. Gemeint ist die Befreiung aus dem Kreislauf des Leidens und der Wiedergeburt, was mit dem Erlöschen des Ich-Bewusstseins einhergehen soll.

7 Eintauchen in die Esoterik

Getrieben von einer tiefen unbewussten Unerfülltheit probierten wir – wie fast alle TM-Praktizierenden – zusätzlich mehr oder weniger intensiv alle möglichen esoterischen und okkulten Praktiken und Heilmethoden aus, z. B. Astrologie, Reiki, Pendeln, Rutengehen, Bach-Blütentropfen, Homöopathie und vieles andere mehr. So legte ich mir vor dem morgentlichen Meditationsprogramm erst einmal die Tarot-Karten und schaute in dem Buch *Yì Jīng*[1] nach, was der Tag mir wohl bringen werde.

Unter den Meditierenden kursierten auch Namen und Anschriften verschiedener Medien, Wahrsager und Hellseher. Wie fast alle unsere Bekannten aus der Szene fuhren auch wir überall hin. Wir ließen uns beraten, besprechen, „heilen" sowie die Vergangenheit und die Zukunft weissagen. Sogenannte Hellseher erzählten uns, wer oder was wir in früheren Leben gewesen sein sollten. Von einem uns bekannten Mädchen wurde behauptet, es sei das Kind gewesen, welches Jesus in die Mitte der Apostel gestellt habe. Ich selbst bildete mir ein, dass ich unter anderem Kleopatra gewesen sei; alle hatten ähnliche kuriose Vorstellungen.

Wenn ich darüber Zeugnis gebe, fällt es vielen Menschen schwer, das zu verstehen. Wir lebten in einer Scheinwelt, einer absolut illusionären Szene. Nach unserer Bekehrung erkannten wir, dass wir weder mit den Füßen auf

[1] Das Yì Jīng (I Ging) ist der älteste Text der chinesischen Klassik (10. bis 8. Jh. v. Chr., der Kommentar stammt aus dem 4. bis 2. Jh. v. Chr.). Es heißt soviel wie „Buch der Wandlungen" und enthält Zeichnungen (Hexagramme) und zugeordnete kommentierte Sprüche, die als Orakel dienen.

dem Boden der Realität, noch mit dem Kopf und der Seele bei Gott waren. Heute wissen wir: Unsere Seele stammt von dem Dreifaltigen Gott, dem Vater, Sohn und Heiligen Geist. Auf ihn hin ist sie für die Ewigkeit ausgerichtet. Sie sehnt sich nach dem einen wahren Gott, deshalb können ihr all die tausenderlei esoterischen Praktiken und Gurus keine Erfüllung bringen. So irrt die Seele immer weiter, auf der Suche nach dem wahren Glück. Auch unser jahrzehntelanger Weg in der Esoterik war eigentlich eine Suche nach Gott.

Während dieser Zeit machten wir erstaunliche und teils gefährliche Erfahrungen. Mehrmals bin ich z. B. aus meinem Körper ausgestiegen. Dies geschah immer, wenn ich an mehrwöchigen Intensivkursen teilnahm. Das erste Mal lag ich nach dem Meditationsprogramm zur Entspannung auf meinem Bett. Auf einmal spürte ich, wie mein Bewusstsein wie ein feiner Faden aus meinem Kopf herausgezogen wurde. Von der Zimmerdecke herab sah ich meinen Körper auf dem Bett liegen. Da meine Kinder während dieses Kurses bei Verwandten untergebracht waren, kam mir der Gedanke, dass ich sie jetzt eigentlich besuchen könnte. In diesem Augenblick überkam mich jedoch Angst bei der Vorstellung, welchen Geistern ich dabei wohl begegnen würde. Im gleichen Moment zog es mich zurück in meinen Körper.

Das zweite Mal machte ich diese Erfahrung während eines mehrwöchigen Kurses, in dem wir durch stundenlanges Meditieren auf die Einweihung in die Flugtechnik vorbereitet wurden. Während ich meditierend auf meinem Bett saß, fühlte ich, dass mein Bewusstsein aus dem Körper gezogen wurde. Ich befand mich weit oben in der

Luft, eine unbeschreibliche Leichtigkeit und Freiheit erfüllte mich. Beim Anblick meines Körpers dachte ich: „In diesen Betonklotz gehe ich nie wieder zurück!" Im gleichen Moment hatte ich den Eindruck, folgende Worte zu hören: „Wo im ganzen Universum willst du dich verstecken, um am Schicksal dieser Erde nicht beteiligt zu sein?"

Da ich zu erkennen glaubte, dass es für mich nirgendwo einen Flucht- oder Rückzugsort geben würde von meiner Erdenaufgabe, unter der ich damals die Verwirklichung der Ziele der TM und ihres Gründers Maharishi verstand, kehrte ich im gleichen Augenblick wieder in meinen Körper zurück. All dies geschieht in Gedankenschnelle. Kaum entsteht ein Impuls, ist er auch schon umgesetzt.

Mein Mann machte ähnliche Erfahrungen. Er fand sich oft im Weltraum wieder, wobei er dieses Losgelöstsein als beglückende Freiheit empfand. Anders als bei Nahtoderfahrungen von Christen kamen wir nicht geläutert oder mit einer tiefen Sehnsucht nach Gott erfüllt zurück. In der TM-Szene ist es vorgekommen, dass Menschen nicht wieder in ihren Körper zurückfanden und starr liegen blieben. In diesem Zustand wurden sie zu MMY in die Schweiz gefahren. Ich weiß nicht, was dort mit diesen Menschen geschah. Da wir ein absolutes Vertrauen zu dem Guru hatten, haben wir niemals nachgefragt.

In dieser Zeit übte ich auch einen Sprachengesang aus, doch betete nicht der Heilige Geist in mir (vgl. Röm 8,26), sondern die Geister der Unterwelt. Nach der Bekehrung schauderte es uns, wenn dieser esoterische Gesang mir noch einmal über die Lippen kam. Auf meine Bitte hin schenkte Gott mir dann ein christliches Sprachengebet, in dem ich ihn als den Schöpfer allen Seins lobe und preise.

Wir haben erkannt, dass Satan wirklich der Affe Gottes ist und alles nachzuahmen versucht. Wenn wir ihm nur einen kleinen Spalt unserer Seele öffnen, nimmt er nach und nach immer mehr Raum ein, bis er die Seele ganz besetzt hat. Ein geflügeltes Wort in der Meditations-Szene lautet: „Wir sind eben offen für alles." Und auf diese Offenheit waren wir stolz. Später sagte mir einmal ein Priester: „Wer offen ist für alles, der kann nicht ganz dicht sein!"

Diese Erkenntnis wurde wohl auch dem Akademie-Leiter zuteil, der als TM-Lehrer viele Menschen in die Praxis der TM eingeführt hatte. Für uns alle ganz überraschend verließ er nach etwa drei Jahren plötzlich die Akademie, um in ein Priesterseminar einzutreten. Heute ist er Priester und ein bekannter christlicher Autor, der eine bestimmte Gebetsweise in Seminaren vermittelt und in vielen christlichen Medien präsent ist.

Die Akademie wurde von der TM-Bewegung übernommen und unter wechselnder Leitung weitergeführt. Man riss alte Gebäude ab, andere wurden umgebaut für weitere Aktivitäten im Geiste der TM. Inzwischen musste Insolvenz angemelden werden.

8 Wir verlassen das TM-Zentrum

Nach etwa zweieinhalb Jahren verließen wir die TM-Akademie und kehrten in unser Haus zurück. Die Kinder mussten erneut die Schule wechseln und sich einen neuen Freundeskreis aufbauen. Da die Waldorfschulen aufgrund ihres geistigen Hintergrundes einen ganz anderen Lernansatz haben als die staatlichen Schulen, war es für sie äußerst schwierig, wieder Fuß zu fassen.

Als Erstes legten wir einen Kellerraum mit Schaumstoffmatten aus, um dort unser tägliches Morgen- und Abendprogramm durchzuführen. Oft kamen auch andere Meditierende dazu. Zu diesem Programm gehörten inzwischen Atemübungen, Yoga, Meditation und die neuen Techniken, darunter auch die Flugtechnik. Danach hörten wir vedische Gesänge aus der hinduistischen Tradition.

Mein Mann und ich sowie unsere drei ältesten Kinder waren in der Lage, aus dem Lotussitz heraus weiteste Sprünge zu machen, oft von einer Kellerseite zur anderen. Meistens konnten wir dabei die Sprungrichtung bestimmen, doch gelegentlich fühlte man sich wie getragen und wusste nicht, wie man auf die andere Seite gelangt war. – Wenn Bekannte oder Freunde, die nicht aus dieser Szene waren, es versuchten, geschah absolut nichts, sie blieben sozusagen am Boden kleben.

Dieses Programm, das sich über eine Stunde lang hinzog, führten wir diszipliniert durch, immer hoffnungsvoll im Hinblick auf die Versprechungen des Gurus, Gesundheit, Wohlstand und Frieden zu erhalten. Stattdessen erkrankte neun Monate später mein Mann plötzlich sehr schwer. Innerhalb von vier Wochen versagten beide Nieren vollständig; er wurde so mit achtunddreißig Jahren zum Frührentner.

Diese schwere chronische Erkrankung bedeutete für uns alle eine enorme Belastung und Lebensumstellung. Von nun an musste mein Mann drei Mal wöchentlich ins Krankenhaus, um dort an ein Dialysegerät angeschlossen zu werden. Da zu der damaligen Zeit (1979) die Dialysetechnik noch nicht so ausgereift war wie heute, war es jedes Mal eine furchtbare Tortur, oft kam er mehr tot als lebendig nach Hause. Wir mussten nun auch konsequent auf seine Ernährung achten, schon eine Handvoll Pflaumen hätte seinen Tod bedeuten können, da das Kalium nicht ausgeschieden wird. Immer wieder haben wir es erlebt, dass Patienten, die wir gerade noch in der Klinik angetroffen hatten, plötzlich starben.

Unser Leben war auch auf andere Weise ständig bedroht. Als mein Mann mir z. B. während einer Autofahrt einmal kurz das Steuer überließ, spürte ich deutlich einen Schlag auf den Arm, verlor dadurch die Kontrolle über den Wagen und fuhr auf einen Baum zu. Erst im letzten Moment gelang es meinem Mann, das Steuer herumzureißen. In solche oder ähnliche Situationen gerieten wir immer wieder, oft auch mit der ganzen Familie.

In der Weihnachtszeit 1980 befand ich mich wieder einmal für zwei Wochen in Italien auf einem Meditations-Intensivkurs. Nach einer Woche forderte der Guru Maharishi die Teilnehmer dazu auf, alle uns bekannten Meditierenden zu benachrichtigen, sie mögen ebenfalls hierher kommen. Ich telefonierte mit meinem Mann, der sich umgehend mit dem Mann meiner Freundin auf den Weg machte. Kurz vor Mailand gerieten sie in eine Nebelwand und fuhren mit einer Geschwindigkeit von 130 Stundenkilometern in eine Gruppe schon kollidierter Autos hinein. Nachdem sie ausgestiegen waren, breitete sich vor ihren Augen ein Schreckensszenarium aus: Tote und Verletzte lagen auf der Straße und ringsherum herrschte Chaos. Trotz des gewaltigen Aufpralls hatten weder mein Mann noch sein Beifahrer die geringste Schramme davongetragen. Lediglich seine Brille war heruntergefallen. Mein Mann berichtete später, dass er bei dem Aufprall das Gefühl gehabt habe, als wenn er in Watte hineingefahren sei. Zu diesem Wunder folgte dann noch, dass sich deutschsprachige Personen fanden, die ihnen Unterkunft und Hilfe anboten und sie am nächsten Tag zum Bahnhof fuhren, damit sie heimreisen konnten.

Später wurde uns klar, dass solche Situationen von Kräften bewirkt wurden, die uns umbringen wollten. Wir glaubten zwar, auf dem richtigen Weg zu sein, doch es wäre mit Sicherheit ein böses Erwachen auf der falschen Seite gewesen. Andererseits war auch ganz deutlich immer wieder der Schutz des Höchsten zu erfahren, wie es im Psalm 91 heißt: *„Denn er befiehlt seinen Engeln, dich zu behüten auf all deinen Wegen. Sie tragen dich auf ihren Händen, damit dein Fuß nicht an einen Stein stößt."*

Zu der gesundheitlichen Belastung meines Mannes kam nun noch hinzu, dass unser Vermögen bald aufgebraucht war. Ein Jahr vor seiner Erkrankung hatten wir sämtliche Versicherungen gekündigt, so auch eine Lebensversicherung für meinen Mann, gekoppelt mit einer hohen Berufsunfähigkeitsrente. Unser ganzes Streben war ja auf die Erleuchtung und die Erfüllung der Pläne des Gurus ausgerichtet. „Das Zeitalter der Erleuchtung", das Maharishi der Welt angekündigt hatte, sollte doch demnächst beginnen und damit auch der von ihm versprochene „Himmel auf Erden". Deshalb erhielt mein Mann nur eine kleine Rente. Da wir aber jede Technik und jeden Handschlag teuer bezahlen mussten und auch viel Geld für Wahrsager, Hellseher und Auslandskurse ausgaben, wurde unser Haus so sehr belastet, dass wir es nicht länger halten konnten. Wir mussten es verkaufen und erwarben mit dem Erlös einen alten Bauernhof im tiefsten Hessenland.

Dieses alte Fachwerkhaus wurde von meinem Mann wunderschön renoviert. In der Nähe lag ein Badesee, an dem unsere Familie sich mit Freunden und Bekannten im Sommer zum Schwimmen traf, und im Winter konnten wir dort Schlittschuh laufen. Meine Freundin, die TM-Lehrerin, war inzwischen mit ihrer Familie in ein Nachbardorf gezogen, und so konnten wir auch hier unsere gemeinsamen esoterischen Aktivitäten fortsetzen und viele Leute in die TM einführen.

Es schien, als ob wir trotz all der Angriffe und Krankheiten ein erfülltes und idyllisches Leben führten. Irgendwie war es so, dass wir die Realität gar nicht mehr richtig wahrnahmen. Wir waren wie besessen von den Ideen und Zielen des Gurus. Dazu kam die Gruppendynamik, die uns mit sich riss. Frühere Erfahrungen, die ich in meiner Kindheit und Jugend mit dem katholischen Glauben und mit Jesus gemacht hatte, schienen vergessen. Wir lebten in einer spirituellen Luftblase, in der wir zum Spielball der Mächte der Finsternis wurden. Heute kann ich nur davor warnen, auch nur den kleinen Zeh in diese „Mausefalle" zu stecken, denn es wird äußerst schwierig sein, sich wieder daraus zu befreien!

9 Zurück in der TM-Akademie

Nach etwa zwei Jahren wurden wir aus dieser „Idylle" wieder herausgerissen. Der Guru Maharishi rief alle Meditierenden auf, in größeren Gruppen zusammenzuziehen, um die Aufgabe zu übernehmen, den Weltfrieden zu retten. Innerhalb von vierzehn Tagen zogen wir aus dem Bauernhaus aus und zurück in die unmittelbare Nähe der TM-Akademie, in der wir früher gewohnt hatten. Ebenso machten es meine Freundin und andere aus der TM-Szene mit ihren Familien.

Diesen erneuten Umzug bewerkstelligten wir so hastig, dass wir uns nicht die Zeit nahmen, uns die Mieter, die unser Bauernhaus übernahmen, genauer anzusehen. Später stellte sich heraus, dass es sich um „Mietnomaden" handelte. Sie zersägten das Geländer zu Feuerholz für ihren Ofen und rissen die elektrischen Leitungen heraus, um sie anzuzapfen. Miete zahlten sie natürlich nicht. Als sie über Nacht verschwunden waren, haben wir auch dieses Haus verkauft.

Bald gab es in unserem neuen Wohnort sehr viele Meditierende, die sich in Häuser eingemietet hatten, die zuvor von englischen NATO-Soldaten bewohnt gewesen waren. So lebten fast alle Meditierenden ziemlich nahe beieinander. Morgens und abends trafen wir uns im „Flugsaal" der TM-Akademie zu den vom Guru Maharishi gewünschten Gruppenmeditationen, wie sie damals überall in der Welt in riesigen Sälen stattfanden.

Das große Ziel von MMY war es, durch eine ständige Gruppe von 7000 Meditierenden, versammelt an einem Ort, den Weltfrieden zu stabilisieren. Wir fühlten uns als geistige Elite, die dazu berufen war, diesen Plan verwirklichen zu helfen. In den USA war es zum ersten Mal gelungen, eine solche Anzahl Meditierender aus aller Welt zusammenzubringen, darunter viele Prominente und Reiche, die die Bewegung mit beträchtlichen Geldbeträgen unterstützten. Viele aus der TM-Szene in ganz Europa folgten dem Sog und auch ich verließ wieder einmal meine Familie und flog für vier Wochen in die USA, um dort an diesem 7000er-Kurs teilzunehmen, der auf dem Gelände der TM-Universität in Fairfield, Iowa, stattfand.

Da zu dieser Zeit gerade Semesterferien waren, standen den Kursteilnehmern die Zimmer der Studenten zur Verfügung. Wir konnten in der Mensa essen und in riesigen Sälen, die mit Matten ausgelegt waren, morgens und abends unser stundenlanges Programm durchziehen. Zwischendurch wurden Videoaufnahmen des Gurus gezeigt, und abends gab es Versammlungen, in denen auch Geld gesammelt wurde. Dabei konnten wir die Spendermentalität der Amerikaner kennenlernen: In langen Reihen warteten sie rechts und links vor dem Podium, bis sie von oben herab die jeweilige Höhe ihrer Spende nennen konnten.

Wie es um die Rettung des Weltfriedens sowie um die einzelnen von dem Guru Maharishi spektakulär angekündigten und ausgeführten Aktionen stand, kann man aus folgendem Bericht ersehen: „1958 gründete MMY die *Geistige Erneuerungsbewegung*, um die Welt zu erneuern. Kurz darauf reiste er zum ersten Mal in die USA, um seine Lehren auszubreiten. In den USA, bald darauf auch in Europa, fand die TM viele Anhänger. Ihr besonderes Interesse galt der Bewegung der akademischen Jugend, die sich auch sehr zugänglich zeigte, da sie von der Konsum- und Wohlstandsgesellschaft bitter enttäuscht und geistig ausgehungert war. Unter dem Deckmantel einer nichtreligiösen reinen Wissenschaft wurde die TM auch an vielen Schulen offiziell gelehrt, bis vor Gericht entschieden wurde, dass sie hinduistisch-religiösen Ursprungs sei. Nach diesem Entscheid verlegte MMY sein Haupttätigkeitsgebiet nach Europa und gründete 1975 zu diesem Zweck in Seelisberg über dem Vierwaldstättersee die Weltzentrale der TM-Bewegung. Er versprach unter anderem, Umweltkatastrophen zu beseitigen und die Kriminalitätsrate im Kanton Uri zu senken, falls eine genügend große Anzahl Personen TM praktizierten. Gerade der Kanton Uri wurde jedoch in den darauffolgenden Jahren von Umweltkatastrophen nicht verschont. Das mag mit ein Grund dafür gewesen sein, dass MMY seine Hauptaktivitäten dann wieder in die USA verlegte. Auch dort musste er Jahre später verlauten lassen, dass das amerikanische Modellprojekt im Staat Washington gescheitert sei. Nach zehn Jahren kollektiver Meditation mit dem Ziel, die Kriminalitätsrate zu senken, befahl MMY seinen Anhängern aufzugeben und sich an einen Ort mit reiner Atmosphäre zu begeben" (vgl. Campus für Christus, *Esoterik* 2). Viele seiner US-Anhänger zogen daraufhin nach Fairfield.

An dieser Stelle möchte ich kurz auf das eingehen, was die TM letztendlich politisch erreichen will. Dazu zitiere ich aus einem Bericht der Sekten-Information Nordrhein-Westfalen: „Zitat von Maharishi Mahesh Yogi: ‚Die Antwort auf jedes Problem ist, dass es kein Problem gibt. Lasst einen Menschen diese Wahrheit einsehen und er ist ohne Probleme.' Es besteht der Anspruch, sowohl politische, wirtschaftliche, soziale, physische als auch religiöse Probleme durch das geistige Ausüben der TM zu lösen, da durch dieses Ausüben ja mit dem Göttlichen in Kontakt getreten werden soll. Denn durch die Ausübung der TM könne man kosmisches Bewusstsein erreichen und wäre somit Mitgestalter des kosmischen Geschehens. Die häufig propagierte Wissenschaftlichkeit ist nicht haltbar. Sie dient lediglich dazu, die magische Weltanschauung und das futuristische Heilsversprechen zu verschleiern.

Die Vorstellung der idealen Gesellschaft bildet die Grundlage für die politische Aktivität der Bewegung. Die ‚Weltregierung' möchte gegenüber staatlichen Regierungen eine ‚Elternrolle' einnehmen und fordert diese regelmäßig auf, die TM zur Lösung sämtlicher Weltprobleme einzusetzen. Dem gegenüber stehen häufig getätigte Äußerungen Maharishi Mahesh Yogis gegen die demokratischen Staatsformen und ihre Prinzipien wie Gewaltenteilung, Pressefreiheit und Volksvertretung durch Parteien. ‚Er spricht einer wissenschaftlichen Elite das Recht auf Machtausübung gegenüber den unwissenden Massen zu.'

Sehr deutlich machte Maharishi Mahesh Yogi dies bei seiner Rede am 16. Juni 2000 anlässlich des ‚Goldenen Jubiläums' von Guru Dev, seines Lehrers im Himalaya: ‚Jede Regierung ist ein Versager [...] Die Maharishi University of Management kann es übernehmen, Ihr Land durch sie zu verwalten [...] Das Ergebnis wird sein, dass es Millionen Bürgern von der nächsten Saison an besser gehen wird.' Und dies alles soll möglich sein, wenn genug Menschen meditieren und wenn weltweit wenigstens an einem Ort ca. 7500 Siddhas dieses Programm ständig praktizieren." –

Nach meiner Rückkehr aus den USA besuchte ich weitere Aufbau-Kurse in der TM und machte Ausbildungen jeglicher Art in esoterischen Praktiken. Da ich nur an der Erleuchtung interessiert war, blieben unsere Kinder immer wieder mit meinem Mann alleine. So merkten wir auch nicht, wie sehr sie vereinsamten und von ihrer Umgebung gemobbt wurden. Als mich einmal ein Lehrer unseres Adoptivsohnes zu einem Gespräch bat, sagte er mir, er habe niemals zuvor einen so einsamen Jugendlichen erlebt. Den Schul- und Sportfreunden wurde oftmals der Kontakt mit meinen Kindern verboten. Es war bekannt, dass wir zur TM-Szene gehörten; und da sich im Dorf so viele Meditierende angesiedelt hatten, von denen einige keiner Arbeit nachgingen und zum Teil in Saris oder Hippie-Röcken in der Öffentlichkeit herumliefen, entstand unter der Bevölkerung ein Misstrauen, das sich oft in Ablehnung äußerte.

Unsere damals 12-jährige Tochter bat mich in dieser Zeit, mit ihr in die heilige Messe zu gehen. Ich erfüllte ihr den Wunsch, obwohl ich schon etliche Jahre keine Messe mehr besucht hatte. Ich denke, dass meine Tochter sich erhoffte, durch regelmäßigen Kirchenbesuch eine gewisse Normalität auch in den Augen der Dorfbewohner zu erlangen. Kaum hatte ich die Kirche betreten, fing ich an zu weinen und konnte während der ganzen Messfeier nicht damit aufhören. Meine Seele spürte wohl, wie sehr ich in Lüge und Verwirrung verstrickt war. Sie kannte ja aus der Kindheit den Frieden und die Erfüllung aus dem wahren Glauben. – Bei dieser einen Messe blieb es; ich suchte den Frieden und die Erfüllung, die nur Jesus geben kann, weiterhin bei unserem Guru und in der Esoterik.

Die so teuer erkauften Praktiken und Techniken versprachen Harmonie, Frieden, Wohlstand und Erfüllung. Doch tatsächlich blieb sowohl bei uns wie bei den meisten anderen Meditierenden kein Stein auf dem anderen. Fast alle Ehen gingen auseinander. Da wir ja weder an einen persönlichen Gott noch an die Erlösung durch Jesus Christus glaubten, musste es jemanden geben, der diese Sehnsucht der Seele stillte. Man konzentrierte sich deshalb ganz auf den Guru, und es gab nach Geschlechtern getrennte Gemeinschaften, ähnlich den christlichen Orden.

Wer sich dazu nicht berufen fühlte, machte sich auf die Suche nach seiner Dualseele. Das, so wird gelehrt, sei die Seele, mit der man zu Beginn der persönlichen Existenz aus dem Absoluten entstanden war und die man nun von einem Leben zum anderen Leben finden müsse, bis man als höchste Erfüllung ganz eins mit ihr werde. Da man sie natürlich unter den Gleichgesinnten suchte, z. B. bei den Nachbarn, zerbrach eine Ehe nach der anderen. Auch Verletzungen und Krankheiten, Selbstmord und plötzliche Todesfälle waren an der Tagesordnung. Diese esoterische Szene ist zutiefst zersetzend; man könnte sie vergleichen mit einer Filmkulisse: Vorne wunderschön angemalt, wird die Rückseite immer weiter abgebaut. Irgendwann muss die Attrappe dann ganz zusammenfallen. Gott ist die Ordnung, und der Weg in die Esoterik ist der Weg in die Unordnung, denn jegliches göttliche Gebot wird aufgehoben.

Alle Meditierenden warteten nicht nur auf die Erleuchtung, sondern waren zutiefst davon überzeugt, dass ihnen in diesem Leben schon Wohlstand zufallen müsse. Im Hinblick darauf entstanden in den Akademien Shops, in denen Seidenkleider sowie Hemden und Anzüge aus Seide erworben werden konnten. So gekleidet erwarteten wir den Reichtum, welcher uns unserer Meinung nach zustand, da wir ja glaubten, durch unsere Meditation Entscheidendes für die Welt zu vollbringen.

Als nun in dieser Szene ein honoriger, adeliger Bänker auftrat und uns von großen Gewinnen durch den Kauf von Ölaktien erzählte, schien dieser Wohlstand greifbar nahe. Etliche Meditierende ließen sich als Vermittler ausbilden und begannen, für diese Aktien zu werben. Sie überredeten Eltern, Verwandte und Freunde, ihre Häuser zu belasten oder anderes Geld aufzunehmen. Es sollte eine absolut sichere Sache sein, verbunden mit einer hohen Rendite. So legten auch wir den Rest unseres Vermögens in Ölaktien an. Ganze zwei Mal wurde ein Gewinn ausgezahlt, dann war auch dieser Traum geplatzt, da die Ölquellen durch Sand verunreinigt worden waren. So verloren viele Menschen ihre Häuser und ihr Erspartes, und auch unser restliches Geld war dahin.

Aber all diese negativen Erfahrungen konnten uns nicht davon abhalten, auf diesem Irrweg weiterzugehen. Es ging uns wie dem Esel, dem man eine Möhre vorgebunden hat und der nun ständig versucht, ihrer habhaft zu werden.

Wie wahr ist doch das Bibelwort: *„So bringt jeder gute Baum gute Früchte, der schlechte Baum aber bringt schlechte Früchte. Ein guter Baum kann keine schlechten Früchte bringen, und ein schlechter Baum kann keine guten Früchte bringen. Jeder Baum, der keine gute Frucht bringt, wird abgehauen und ins Feuer geworfen. Darum werdet ihr sie an ihren Früchten erkennen“* (Mt 7,15–20)!

Meine Freundin ließ sich nun zur Heilpraktikerin ausbilden. Daneben experimentierte sie mit anderen esoterischen Heilmethoden und besuchte dazu Seminare und Kurse jeglicher Art, zu denen ich sie öfters begleitete. Gemeinsam absolvierten wir die Ausbildung in einer japanischen Heilmethode, die sich *Jin Shin Jyutsu* nannte. Bei dieser muss man – ähnlich wie bei der Akupressur – auf gewisse Punkte des Körpers drücken, auf sogenannte Meridiane. Auf diese Weise soll die „Lebensenergie harmonisiert“ werden, damit sich Blockaden lösen und Krankheiten und Beschwerden geheilt werden. Meine Freundin ließ sich von Patienten dafür bezahlen, ich betrachtete es mehr als ein Experiment und übte diese Methode unentgeltlich aus. Nach einiger Zeit merkte ich, dass ich die Personen gar nicht mehr zu berühren brauchte; es genügte, einfach mit meinen Händen über sie hinweg zu streichen. Dabei spürte ich, wie eine sonderbare Kraft durch mich hindurch floss, die etliche Heilungen bewirkte.

Wie stark diese Kraft war, konnte ich erfahren, als ich einmal zu einem Mann gerufen wurde, der nach einem schweren Herzinfarkt seit einer Woche im Koma lag. Als Manager war er ständig unter Druck gestanden und hatte bis zu 80 Zigaretten am Tag geraucht. Die Ärzte hatten ihn schon mehrmals mit Elektroschocks wiederbeleben müssen, als Bekannte von mir mich seiner Frau empfahlen, einer Juristin im Ministerium. Mit ihr gemeinsam durfte ich zu ihrem Mann auf die Intensivstation.

Da um sein Bett ein hohes Gitter angebracht war, konnte ich unmöglich an ihn herankommen, um die entsprechenden Punkte zu drücken. Außerdem wurden wir äußerst misstrauisch von dem Krankenhauspersonal beobachtet. So stellte ich mich an das Fußende des Bettes und nahm auf einen Impuls hin seine großen Zehen in die Hand. Auf einmal spürte ich ein starkes Pochen. Als wir nach etwa fünf Minuten die Intensivstation verließen, sagte ich zu seiner Frau, dass es mir leid täte, nicht mehr für ihren Mann tun zu können. Wie erstaunt war ich, als sie einige Tage später anrief und mir mitteilte, dass ihr Mann aufgewacht sei und in einigen Tagen entlassen werden würde! Vielleicht ein Jahr später trafen wir das Ehepaar zufällig wieder. Zwar war der Mann nicht mehr in der Lage, seinen vorherigen Beruf auszuüben, da er eine leichte Behinderung zurückbehalten hatte, doch ansonsten konnte er ein normales Leben führen.

Während ich damals am Bett des Patienten stand, saß mein Mann wartend im Flur. Auf einmal meinte er, eine riesige Energiewelle zu spüren, die den Flur und auch ihn durchflutete. Spätestens durch diese Erfahrung war uns klar geworden, welch starke Mächte hinter mir standen. Diese Mächte nahmen auch Besitz von den behandelten Patienten, indem diese ebenfalls anfingen, in die Esoterik abzurutschen.

Durch diesen Erfolg wurde ich noch bekannter, jedoch ließ der ganz große Durchbruch zu meinem Erstaunen auf sich warten, so dass ich nur noch selten auf diese Art und Weise behandelte. Heute denke ich, dass Gott auch diese Gefährdung von mir abgewendet hat, damit ich nicht noch mehr Menschen auf Abwege bringe und ihnen Schaden zufüge. Eine Frau beispielsweise, der ich nach fünfzehn Jahren auf einem christlichen Einkehrtag wieder begegnete, erzählte mir, dass sie nach meiner Behandlung in die Psychiatrie eingewiesen werden musste und ihre Ehe mit einem Rechtsanwalt in die Brüche ging.

Inwieweit erfüllten sich die Versprechungen des Gurus nach zehn Jahren TM-Praxis?

Statt der versprochenen höheren Intelligenz entstand in uns allen ein übersteigertes, oft bis ans Groteske reichendes Selbstbewusstsein, verbunden mit einer absoluten Selbsttäuschung. Das führte zu riskantem, gefährlichem sowie verantwortungslosem Handeln. Wir wie auch viele andere ruinierten unsere Gesundheit, verloren unseren Wohlstand und fast alle Ehen und Familien wurden zerstört. Ich persönlich glaube, dass unsere Ehe aufgrund des Ehesakramentes bewahrt worden ist.

Ein ehemaliger Schüler von MMY, der lange Zeit auch sein Privatsekretär gewesen war, schildert Folgendes: Im Umfeld des Gurus, vor allem aber bei denen, die sich intensiven Mediationssitzungen verschrieben hatten, kam es zu massiven gesundheitlichen Störungen. Deshalb ließ der Guru Ärzte und Heilpraktiker kommen. Angesichts der Technik der TM, die ja das Blaue vom Himmel verspricht: Entspannung, Aufblühen von Physis und Psyche, Selbstbeherrschung, Steigerung des IQ usw., war der wissenschaftliche Befund recht ernüchternd: Ein Arzt wunderte sich darüber, dass bei vielen jungen Leuten, die sich einem Vitalitätstest unterzogen hatten, ein vorzeitiger Alterungsprozess festzustellen war. Es war ihm unbegreiflich, wie junge Menschen in der Blüte ihrer Jahre solche Untersuchungsergebnisse aufweisen konnten. Bei anderer Gelegenheit wurden bei Meditierenden nicht selten Nervenstörungen, Ängste und Depressionen beobachtet. Solche Befunde werden von TM-Lehrern oft als vorübergehende Stresslösung verharmlost und bleiben deshalb unbehandelt, es sei denn, der Betroffene wird in die Psychiatrie eingewiesen.

10 „Mutter Meera“

Nach zehn Jahren theoretischer und praktischer Erfahrung in Meditation und anderen esoterischen Lehren wurden wir nun von den Mächten der Finsternis weitergeleitet und tauchten jetzt ganz ein in die hinduistische Dämonen- und Götzenwelt.

Bekannte, die auf einem Meditationskurs bei dem Guru Maharishi in den Niederlanden gewesen waren, berichteten von einer Inderin, die sich „Mutter Meera“[1] nannte und sich als „Göttliche Mutter“ verehren ließ. Jeder könne sie aufsuchen. Als ich davon erfuhr, fing ich unvermittelt bitterlich an zu weinen. Obwohl ich zehn Jahre intensivste Yoga-Meditationstechniken und andere Methoden ausgeübt hatte, spürte ich statt Erleuchtung und Erfüllung nur tiefste Verzweiflung und Leere in mir. Ich dachte, wenn diese „Mutter Meera“ mir nicht helfen kann, weiß ich nicht mehr weiter. Durch das ständige lange und intensive Meditationsprogramm war meine Sensibilität gesteigert worden. Auch hatte ich durch außerkörperliche Erfahrungen befreiende Leichtigkeit und dadurch gewisse Glücksmomente erleben können. Aber all das hatte meiner Seele nicht die Erfüllung und den Frieden gebracht, wonach ich so verzweifelt suchte. Daher schien mir diese Nachricht über „Mutter Meera“ wie vom Himmel gesandt.

---

[1] Bulgur Venkat Reddy „erkannte“ in der 12-jährigen Kamala die „Göttliche Mutter“ und brachte sie 1974 zum Sri-Aurobindo-Ashram in Pondicherry, dessen Mitglied er war. Nach zwei Jahren auf einer Mädchenschule traf sie die ersten Besucher aus dem Westen und begann Darshans zu geben. 1979 wurde sie nach Montreal in Kanada eingeladen. 1982 ließ sie sich in Deutschland nieder.

Sehr schnell organisierten nun mehrere Meditierende aus unserem Dorf einen Bus, um sie aufzusuchen. Wir waren sofort fasziniert von ihr.

„Mutter Meera" (* 1960) wurde als Kind in Indien für ihre jetzige Aufgabe „entdeckt" und von einem Inder, Mr. Reddy, adoptiert. Sie war jung und schön und wurde als Wiedergeburt der „Göttlichen Mutter", auch *Kali*[1] genannt, der Öffentlichkeit präsentiert. In der hinduistischen Lehre gilt die Göttin Kali als höchste Gottheit neben dem Gott *Paramatman*[2]. Deutsche junge Männer hatten „Mutter Meera" in Kanada getroffen und nach Deutschland eingeladen. Damit sie und ihre Gefährtin hier bleiben konnten, wurden sie von zweien dieser Männer geheiratet. Schnell bildete sich eine kleine Gruppe um sie, die ein altes Haus in einem kleinen Dorf im Westerwald erwarb.

Die Faszination, die von „Mutter Meera" bei diesem ersten Treffen ausging, war so stark gewesen, dass mein Mann und ich sowie andere TM-Leute aus unserem Dorf sie von da an regelmäßig aufsuchten. Wir waren überzeugt von dem, was sie angeblich verkörperte. Wie gründlich die Gehirnwäsche in der TM-Szene gewirkt hatte, kann man daraus ersehen, dass wir den Anspruch dieser Inderin, Kali, die „Göttliche Mutter", zu sein, vom ersten Augenblick an bedingungslos akzeptierten.

---

[1] *Kali* (Sanskrit: die Schwarze) vereinigt in sich die Aspekte des Todes, der Zerstörung, aber auch der Erneuerung – sie ist „die Macht, die die Zeit beherrscht". In einigen hinduistischen Traditionen wird sie als Höchste Göttin oder Göttliche Mutter verehrt.

[2] *Paramatman* (Sanskrit: Die höchste Seele) bezeichnet die Weltenseele und wird als Synonym für Brahman gebraucht.

„Mutter Meera" gab vier Mal in der Woche abends ein sogenanntes *Darshan*[1]. Bei diesen Treffen, die anfangs im Flur ihres Hauses stattfanden, traten wir einzeln vor sie hin und knieten uns nieder. Sie nahm sitzend unseren Kopf in ihre Hände, die auf ihrem Schoß ruhten. Dann hoben wir den Kopf wieder und sahen ihr in die Augen, etwa eine Minute lang – so wurde ein intensiver Einfluss ausgeübt.

In der Heiligen Schrift steht, vor Gott allein soll man sich hinknien und ihn anbeten (vgl. Mt 4,10; Lk 4,8). Wir aber knieten vor dieser Inderin und verehrten diejenige als Göttin, die von einem indischen Priester einmal als *devil mother* – Teufelsmutter bezeichnet wurde ... Das war, wie wir später erkannten, finsterer Götzendienst.

Durch unsere regelmäßigen Besuche wurde „Mutter Meeras" Einfluss auf uns immer größer. Nach einiger Zeit zog es meinen Mann und mich so stark zu ihr hin, dass wir sie darum baten, ganz in ihrer Nähe wohnen zu dürfen. Wir waren überglücklich, als sie uns die Erlaubnis dazu gab, allerdings unter der Bedingung, dass wir zwei Einkommen vorzuweisen hätten. Wieder einmal brachen wir alle Zelte ab und ließen diesmal auch alle unsere Kinder zurück. Die jüngste Tochter war damals sechzehn Jahre alt und ging noch zur Schule, während die anderen Kinder studierten. Da wir außer der kleinen Rente meines Mannes kein weiteres Einkommen hatten, musste ich nun das geforderte zweite Einkommen erarbeiten. So übernahm ich eine Versicherungsagentur.

---

[1] Ein *Darshan* (Sanskrit: Das Sehen, Wahrnehmen, Hinsehen) ist sowohl das Sehen eines „erleuchteten Yogis oder Heiligen" als auch das von ihm Gesehenwerden und der daraus resultierende Segen.

„Mutter Meera" begann nun, mit ihren Anhängern ein größeres Haus auszubauen. Da meinem Mann inzwischen eine Niere transplantiert worden war, ging es ihm gesundheitlich wieder so gut, dass er fast täglich bei dem Ausbau mitarbeiten konnte. Sporadisch kamen auch andere *Devotees* (Anhänger) aus verschiedenen Nationen und Gesellschaftsschichten dazu. Ich erinnere mich an junge Männer aus Frankreich und Belgien, an einen jungen Professor aus den USA und auch an einen Unternehmer sowie an ein Musiker-Ehepaar, das im Frankfurter Sinfonieorchester mitspielte. Einige dieser Leute bekamen in Meeras Haus ein Zimmer angeboten, so auch mein Mann. Meine Tätigkeit für sie bestand darin, mich um ihre Versicherungen zu kümmern und in meiner Freizeit für sie und ihre Mitarbeiter zu kochen und zu backen. Durch diese unsere ständige Mitarbeit wurden wir sehr schnell in ihren engeren Kreis aufgenommen und fühlten uns dadurch äußerst bevorzugt und geehrt. Ich hatte den starken Eindruck, eine ihrer engsten *Devotees* zu sein, was sich später als absoluter Irrtum herausstellte.

Irgendwann trat ich dann aus der katholischen Kirche aus. Jesus war zwar für mich immer noch präsent und wurde auch von „Mutter Meera" in ihren Büchern zitiert, allerdings nur als einer von vielen Gottessöhnen – *Avatare,* wie sie in der hinduistischen Philosophie genannt werden. – Als Christen glauben wir, dass Jesus Christus der einzige Sohn Gottes ist, der vom Vater gesandt wurde, um uns zu retten. – In unserer damaligen Verwirrung hatten wir unser Leben jedoch ganz auf die Lehren dieser Inderin ausgerichtet. Wir glaubten den Worten der „Göttlichen Mutter", dieser „höchsten Gottheit" wollten wir dienen und die Ewigkeit mit ihr verbringen. Mein sehnlichster Wunsch war es, ebenfalls bei ihr wohnen zu dürfen. In der Hingabe an sie vereinte sich all meine Sehnsucht, aber auch alle Geltungssucht, denn bei ihr schien ich endlich bei dem Höchsten angelangt zu sein, ich konnte sie berühren, anschauen und mit ihr kommunizieren.

„Mutter Meera“ wurde weltweit immer bekannter. Zu den vier abendlichen Treffen kamen inzwischen immer mehr Menschen aus aller Welt, sogar aus den USA und von Australien. Auch viele Prominente waren darunter, z. B. Schauspieler wie Terence Hill. Ebenso machten wir die Bekanntschaft ranghoher Politiker, manche kamen geradewegs von einer Tagung aus Brüssel. Ein Politiker gab mir seine Visitenkarte, auf der auch sein Titel vermerkt war, er war stellvertretender Verteidigungsminister eines nordeuropäischen Staates.

„Mutter Meera“ sagt über sich selbst: „Der ganze Grund meiner Arbeit besteht darin, das Paramatman-Licht auf die Erde zu bringen und den Menschen zu helfen, ihre Herzen diesem Licht zu öffnen. Ich bete zu Paramatman, dem höchsten Wesen, um gezielt damit arbeiten zu können. Dieses Licht ist nie zuvor genutzt worden.“ Jesus hingegen sagt: *„Ich bin das Licht der Welt. Wer mir nachfolgt, wird nicht in der Finsternis umhergehen, sondern wird das Licht des Lebens haben“* (Joh 8,12).

Weiter behauptet „Mutter Meera“: „Das Paramatman-Licht ist überall, doch man muss wissen, wie es aktiviert werden kann. Zu diesem Zweck bin ich gekommen. Ich arbeite sowohl mit dem Licht des Höchsten als auch mit dem Licht der Ebenen der Götter und Göttinnen, von denen noch einige andere auf anderen Ebenen wirken." Gott aber sagt: *„Ich bin Jahwe, dein Gott [...] Du sollst neben mir keine anderen Götter haben [...] Du sollst dich nicht vor anderen Göttern niederwerfen und dich nicht verpflichten, ihnen zu dienen. Denn ich, der Herr, dein Gott, bin ein eifersüchtiger Gott"* (Ex 20,1–3.5).

Über „Mutter Meera" wird gesagt: „Sie ist eine Verkörperung des weiblichen Aspekts des Göttlichen, der göttlichen Mutter auf Erden. Sie ist eine Person aus reinem Licht und Liebe. Sie kam, um das Weltbewusstsein für eine höhere Ebene der Evolution zu reinigen und zu transformieren."

Über den Dreifaltigen Gott hingegen sagt der Apostel Paulus: *„Er hat uns mit allem Segen seines Geistes gesegnet durch unsere Gemeinschaft mit Christus im Himmel [...] er hat uns aus Liebe im Voraus dazu bestimmt, seine Söhne zu werden durch Jesus Christus und nach seinem gnädigen Willen zu ihm zu gelangen [...] Er hat sie [die Liebe] uns geschenkt in seinem geliebten Sohn; durch sein Blut haben wir die Erlösung, die Vergebung der Sünden nach dem Reichtum seiner Gnade. Durch sie hat er uns mit aller Weisheit und Einsicht reich beschenkt und hat uns das Geheimnis seines Willens kundgetan [...]: Er hat beschlossen, die Fülle der Zeiten heraufzuführen, in Christus alles zu vereinen, alles, was im Himmel und auf Erden ist"* (Eph 1,3–10).

Inzwischen hat „Mutter Meera" ihren Einfluss ausgedehnt und lockt immer noch Freiwillige, um diesmal einen Kindergarten, eine Schule sowie eine „spirituelle Zufluchtstätte" in Indien für ihre Anhänger aufzubauen – eine, wie sie meint, „einzigartige und interessante Möglichkeit für Voluntäre". Immer noch reisen Menschen zu ihren Darshans in Deutschland und weltweit, um der Illusion nachzujagen, von ihr als „Göttlicher Mutter" – die jedoch nur die Sehnsucht der Menschen nach dem wahren Licht, Jesus Christus, missbraucht – „Liebe, Licht und göttlichen Segen zu erhalten". Als Christen jedoch wissen wir wie David: *„Der Herr ist mein Licht und mein Heil ..."* (Ps 27,1).

In einem Dorf, ganz in der Nähe von „Mutter Meera", hatten wir ein wunderschönes großes Haus am Waldrand gemietet. Dort besuchten uns oft unsere Kinder, Enkel und Freunde, die wir dann alle zu „Mutter Meera" mitnahmen. Da wir zu ihrem engeren Kreis gehörten, durften auch unsere Gäste diese ansonsten hermetisch abgeschirmte „Göttliche Mutter" besuchen. Es schien, als ob wir mit dieser Inderin also endlich das Glück und die Erfüllung gefunden hätten, wonach wir schon so lange verzweifelt suchten.

Inzwischen war auch meine Freundin mit ihrer Familie, nachdem sie uns einige Male besucht hatte, in die Nähe von „Mutter Meera" gezogen, um mit ihrem Mann ebenfalls regelmäßig an den Darshans teilnehmen zu können. In einem Nachbardorf richtete sie sich eine Praxis als Heilpraktikerin ein. Außerdem besuchte sie regelmäßig Esoterik-Messen und brachte jedes Mal neues „Spielzeug" mit, das wir gemeinsam ausprobierten. Dieses sogenannte „Spielzeug" betraf jeden Bereich des menschlichen Lebens, angefangen von sonderbaren Ernährungsmethoden, Magnetbändern und -matten bis hin zu esoterischen und okkulten Praktiken. Eine dieser neuen Ernährungsmethoden bestand darin, bis zwölf Uhr nüchtern zu bleiben.

Dann musste man an sieben verschiedenen Früchten und Gemüsen riechen und durfte nur das roh essen, was für einen gut roch. Das gleiche galt für rohes Fleisch. – Satan versucht eben auf jeder Ebene, die Menschen mit sich selbst und ihren Gelüsten zu beschäftigen und unsere Aufmerksamkeit von Gott wegzulocken.

Eine der höchst okkulten Praktiken, die meine Freundin gemeinsam mit ihrem Mann ausübte, war die Rückführung in andere Leben. Da ich gehört hatte, dass dabei jemand Jesus gesehen haben soll, wie er bei seinen Aposteln stand, sehnte ich mich danach, dieses auch zu erleben. Und so nahm ich an einigen Sitzungen teil. Stunde um Stunde versuchten wir, durch magische Beschwörung dieses Erlebnis bei mir herbeizurufen. Nach solchen Nächten hatte ich das Gefühl, aus der Hölle zu kommen – und so sah ich auch aus. Heute kann ich mich nur noch erinnern, dass meine Freundin und ihr Mann äußerst wütend wurden, da ich immer wieder nach Jesus rief. Gott sei Dank stellten wir diese Rückführungsnächte schnell wieder ein, da sie mich pro Nacht tausend Mark kosteten. – Meine Freundin arbeitete auch wieder als TM-Lehrerin, sie war wirklich in fast allen esoterischen und okkulten Bereichen aktiv.

Meine Kollegen und Vorgesetzten in der Versicherung akzeptierten diese meine exotische Lebensweise. Mehrere meiner Kollegen, so auch meinen Ausbildungsleiter, konnte ich sogar dazu überreden, mich zu einem Treffen in das Haus der Inderin zu begleiten, ein Erlebnis, das sie recht ungewöhnlich und interessant fanden. Erst nach meiner Bekehrung distanzierten sie sich merklich von mir und meinem neuen christlichen Weg.

Obwohl ich in der Versicherung äußerst erfolgreich war, verschuldete ich mich leider immer mehr. Dafür gab es verschiedene Gründe. Bei jeder Unsicherheit, sowohl bei geschäftlichen wie auch bei emotionalen oder familiären Problemen, befragte ich Wahrsager, Hellseher und andere Medien. Außerdem probierte ich ständig neue Techniken und esoterische Heilmethoden aus, und da ich auch unserem Guru viel spendete, floss das Geld dahin. Dass das wohl auch mit meiner ständigen Sonntagsarbeit zusammenhing, erkannte ich erst nach meiner Bekehrung, denn im zweiten Gebot Gottes heißt es: Du sollst den Sabbat heiligen! (vgl. Ex 20,8).

11 Im Schatten des Todes

„Das Volk, das im Dunkel lebt, sieht ein helles Licht; über denen, die im Land der Finsternis wohnen, strahlt ein Licht auf“ (Jes 9,1).

Etwa acht Jahre lebten wir so in scheinbarer Erfüllung mit „Mutter Meera“. Dann gingen die Mächte der Finsternis zum Generalangriff über. Mein Mann bekam starke Rückenschmerzen, und ich musste ihn nach Köln in die Klinik fahren. Als ich am späten Abend den Arzt sprechen konnte, eröffnete er mir, dass auf meinen Mann der Rollstuhl warte!

Meinen Mann musste ich zur weiteren Untersuchung in der Klinik lassen, während ich völlig verstört nach Hause fuhr. Dort hatte ich zum ersten Mal in meinem Leben einen völligen Blackout. Ich wusste nicht mehr, wer ich war ... alles stürzte ins Bodenlose. Es war ein äußerst beängstigendes Gefühl, wie ein freier Fall ohne Fallschirm.

Am nächsten Morgen erwachte ich wieder bei klarem Bewusstsein und rief meinen ständigen Hellseher an, denn immer weniger war ich in der Lage, eigene Entscheidungen zu treffen. Nach wie vor konsultierte ich Medien, Heiler und Wahrsager, und ganz besonders diesen Hellseher, den ich ab und zu auch aufsuchte. Lakonisch meinte der Mann nur: „Ja, wusstest du denn nicht, dass es mit deinem Mann zu Ende geht? Er ist völlig fertig.“ Er sagte mir auch voraus, dass mein Mann bald sterben würde, sogar den ungefähren Zeitpunkt gab er an.

Völlig aufgelöst fuhr ich in das Haus der Inderin und erzählte ihr von dieser Vorhersage. Auf meine Frage, ob mein Mann jetzt wirklich sterben müsse, lächelte sie für mich völlig überraschend und antwortete: „Ja, so ist es, aber sprich mit ihm nicht darüber." Später konnte ich dieses mir damals so unerklärliche Lächeln einordnen.

All das geschah Ende Mai, Anfang Juni. Den ganzen Sommer über gaben sich meine Kinder nun die Türklinke in die Hand, denn ich hatte ihnen unter dem Siegel der Verschwiegenheit diese Hiobsbotschaft mitgeteilt. Mein Mann, der von allem ja nichts wissen durfte, pendelte, einigermaßen genesen, nach seiner Entlassung aus der Klinik zwischen dem Haus der Inderin und unserem Haus hin und her. Am Wochenende unternahmen wir oft lange Spaziergänge. Doch jedes Mal, wenn meine Gedanken an das drohende Unheil, das sich bald erfüllen sollte, abdrifteten, kamen mir die Tränen.

Durch die ständigen Besuche meiner Kinder und weil ich versuchte, so viel Zeit wie noch möglich mit meinem Mann zu verbringen, vernachlässigte ich meine Arbeit fast ganz. Mein Chef ließ mich schließlich zu sich rufen. Nachdem ich ihm meine Situation erklärt hatte, fragte er, wie ich weiter vorzugehen gedenke. Ich konnte ihm nur antworten: „Jede Stunde mit meinem Mann ist mir jetzt wichtiger als meine Arbeit für die Versicherung."

Der Tod meines Mannes war für Anfang Oktober angekündigt worden. Für den September hatten mein Mann und ich noch einen Urlaub geplant. Doch die innere Spannung und der seelische Druck waren bei mir bis dahin so stark geworden, dass irgendwann gar nichts mehr lief. Eine Radtour mussten wir völlig entnervt abbrechen.

Völlig ausgebrannt, physisch und psychisch mitgenommen, saß ich danach an einem herrlichen sonnigen Septembermorgen alleine in meinem Schlafzimmer. Keine Technik, kein Mantra und kein Guru konnten mir mehr helfen. Wie sollte es weitergehen? Auf einmal hatte ich den Eindruck, eine innere Stimme zu hören: *„Wenn du morgens und abends eine Stunde meditierst, dann bete anschließend auch jeweils eine Stunde das Vaterunser."* Diese Einsprechung erfolgte mit so großer Klarheit und Vollmacht in meine hoffnungslose Situation hinein, dass ich sie sofort annehmen konnte. Es heißt immer, dass Gott uns dort abholt, wo wir stehen. Hätte er mir zugemutet, nach zwanzig Jahren Praxis diese Meditationsstunden sofort aufzugeben, wäre ich wohl nicht zu diesem Schritt bereit gewesen.

Morgens und abends meditierte ich nun jeweils eine Stunde und betete anschließend eine Stunde lang das Vaterunser. Es war wie eine Rettungsleine, die mir jemand zugeworfen hatte, und zum ersten Mal nach langer Zeit betete ich zum wahren Vater im Himmel. Selbst bei den abendlichen Treffen im Haus der Inderin hielt ich diese Reihenfolge ein. Gerade dort hatte ich während der Gebetszeit wunderbare Visionen – trotz meiner Angst um meinen Mann. Ich sah mich beispielsweise mit meiner Familie, Freunden und Bekannten auf einer Terrasse in südlichen Meeresgefilden an einer großen Festtafel sitzen. Der himmlische Vater und Jesus waren die Gastgeber dieses Festes. Später erinnerte mich diese Vision an seine Worte: *„Ich stehe vor der Tür und klopfe an. Wer meine Stimme hört und die Tür öffnet, bei dem werde ich eintreten und wir werden Mahl halten, ich mit ihm und er mit mir"* (Offb 3,20). Im Psalm 23,5 heißt es: *„Du deckst mir den Tisch vor den Augen meiner Feinde. Du salbst mein*

Haupt mit Öl, du füllst mir reichlich den Becher." In diesen meinen Visionen erfüllte sich das Wort Gottes an mir.

Einmal stellte mir Gott der Vater überraschend die Frage: *„Willst du deinen Ehemann Friedhelm neu annehmen?"* Sofort war ich bereit dazu. Wie ich zu Hause feststellte, war es unser Hochzeitstag. Eine Woche später hatte ich die gleiche Vision. Diesmal fragte mich der Vater: *„Willst du meinen Sohn Jesus als den Bräutigam deiner Seele annehmen?"* Voll Freude bejahte ich auch diese Frage. Später erfuhr ich, dass Jesus Christus der Bräutigam jeder Seele ist.

Über diese Erlebnisse sprach ich seltsamerweise nicht mit „Mutter Meera". Stattdessen erzählte ich kurz darauf einem Freund von meiner großen Not, und dass mein Mann in einigen Wochen sterben sollte. Daraufhin sah er mich eindringlich an und meinte: „Du gehörst zu Jesus." Darüber war ich völlig verblüfft, denn dieser Freund war nicht nur seit Jahrzehnten TM-Lehrer sowie in etlichen weiteren esoterischen Praktiken zuhause, sondern gehörte auch mit seinem Bruder und seiner Schwägerin zum engeren Kreis um die Inderin. Doch Gott schenkt uns oft unverhofft sein befreiendes Wort und bedient sich dafür auch der Menschen, von denen wir es nicht erwarten.

Jesus offenbarte sich mit großer Vollmacht. Es war mir, als wenn am Ende eines dunklen Tunnels endlich ein Licht aufleuchtete, ein Licht, welches meinem Herzen Hoffnung schenkte. Und dieses Licht entfachte in mir die Sehnsucht nach dem Einen, den ich in all diesen esoterischen Erfahrungen letztendlich gesucht hatte und der durch meine Zusage, ihn als Seelenbräutigam anzunehmen, seine Hand nun auf mich und mein weiteres Leben legen konnte. Heute ist mir bewusst, dass er es war, der durch den Freund zu mir sprach: „Du gehörst zu mir!“

Ebenso erkenne ich heute, dass meine Entscheidung, das Vaterunser zu beten, der eigentliche Zeitpunkt meiner Umkehr war, und dass alle folgenden Wege mich letztendlich wieder in die Arme des himmlischen Vaters führten.

Der Freund erzählte mir dann von einer Gruppe im Odenwald, in der Jesus durch ein Medium Botschaften geben würde. Vier Tage später fuhr ich mit einer Freundin dorthin. Ich dachte, dass mich nach so vielen Spielarten der Esoterik, die ich miterlebt hatte, wenig überraschen und verwundern könnte. Doch diese grotesken Auswüchse, die hier abliefen, waren einfach unglaublich! Die Gruppe bestand aus vier bis fünf Frauen sowie dem Ehemann der Leiterin. Die anderen Frauen hatten sich von ihren Männern und Kindern getrennt und glaubten nun, mit einigen „Engelskindern“ schwanger zu sein, und sie warteten gespannt auf ihre Niederkunft.

Völlig irritiert wollten meine Freundin und ich uns schon wieder verabschieden, als ich plötzlich ein Bild mit dem Angesicht Jesu bemerkte, und das Wort traf auf mich zu: *„Ich fand den, den meine Seele liebt“* (Hld 3,4). Ich war deshalb bereit, trotz all dieser Merkwürdigkeiten an einer Sitzung teilzunehmen, bei der eine der Frauen als Medium fungierte. Während dieser Sitzung wurde ich aufgefordert, Jesus Fragen zu stellen, und es schien, als ob er über das Medium antwortete. Plötzlich sagte dieses: „Ich spüre den Tod um dich herum!“ Daraufhin erwiderte ich: „Ja, mein Mann soll bald sterben.“ Doch zu meinem großen Erstaunen entgegnete das Medium: „Nein, es geht um dich. Für dich sehe ich diese Todesgefahr.“

Erst später wurde mir klar, dass die Mächte der Finsternis durch den physischen und psychischen Druck, dem ich jetzt schon Monate lang ausgesetzt war, nicht nur meinen Mann, sondern auch mich umbringen wollten. Durch meine Lebensweise, meine Kontakte und vor allem auch durch den Austritt aus der Kirche war ich zur leichten Beute der Mächte der Finsternis geworden, vor denen mich nur die Macht des Namens Jesus retten konnte. Heute noch schaudert es mich, wenn ich mir vorstelle, wo wir gelandet wären und wer uns empfangen hätte, wenn wir in unserem damaligen Zustand gestorben wären. Mit der heiligen Schwester Faustyna kann ich nur beten: *„In Ewigkeit will ich die barmherzige Liebe meines Gottes preisen!“*

Satan wollte uns hier auf Erden für die Ewigkeit zerstören. Wir hatten erlebt, wie es ihm bei anderen Ehen und Familien in unserer Umgebung gelungen war. Ein Außenstehender kann sich die Gefühlsverwirrung und Falschheit in dieser illusionären Szene kaum vorstellen!

12 Umkehr

„Wie ein Hirt sich um die Tiere seiner Herde kümmert an dem Tag, an dem er mitten unter den Schafen ist, die sich verirrt haben, so kümmere ich mich um meine Schafe und hole sie zurück von all den Orten, wohin sie sich am dunklen, düsteren Tag zerstreut haben" (Ez 34,11–12).

Getreu dieser Verheißung ließ mich der „Gute Hirte" Jesus und die Macht seines heiligen Namens nicht mehr los. Mir erging es nun ähnlich wie nach der Jesus-Begegnung während meines Krankenhaus-Aufenthaltes in der Zeit, als ich die Ausbildung zur TM-Lehrerin machen wollte. Der Name Jesus hatte bewirkt, dass jeder Gedanke an Tod und Bedrohung sowohl für meinen Mann wie auch für mich einem Gefühl der Hoffnung gewichen war. Ich wurde entspannter und konnte sanfter und liebevoller mit mir selbst umgehen, während ich vorher dazu neigte, mich auf allen Gebieten stark unter Druck setzen zu lassen. Ich baute wieder Ruhepausen in meinen Tagesablauf ein, in denen ich Musik hörte und manchmal dazu tanzte. Sonntags machte ich mit meinem Mann öfter einen Ausflug, statt zu arbeiten.

Diese Gruppe im Odenwald besuchte ich noch mehrmals, oft auch mit Freunden, weil ich hoffte, weitere Erfahrungen mit Jesus zu machen. Einmal erzählte dort jemand von einem Urlaub auf der Insel Kreta. Wieder hatte ich den starken Eindruck einer inneren Stimme, die sagte: *„Komm nach Kreta!"* Auch diese Einsprechung war so deutlich, dass es mich drängte, diesem Impuls zu folgen. Außerdem war ich schon deshalb an der Reise interessiert, weil ich in der Esoterik-Literatur gelesen hatte, dass sich über dieser Insel ein spiritueller Heilungstempel befinden solle, in dem angeblich Mutter Maria und der Erzengel Raphael Personen zu Heilern ausbildeten. Da ich ja selbst noch gelegentlich als Geistheilerin tätig war, interessierte mich das sehr.

Ein halbes Jahr später flog ich mit einer meiner Töchter dorthin. Ein unerwarteter einträglicher Versicherungsabschluss hatte uns die nötigen Mittel dazu beschert.

Und dort auf Kreta begegnete uns in Wahrheit der lebendige Jesus auf ganz besondere Weise! Schon bei unserer Ankunft hörten wir einen älteren Kofferträger unablässig von Jesus erzählen. Am zweiten Tag brachen meine Tochter und ich zu einem Ausflug auf, um Ausgrabungen eines Tempels zu besichtigen. Auf einem gegenüberliegenden Berg sahen wir eine Kapelle, zu der einige junge Leute auf einem gewundenen Weg hochstiegen. Spontan sagte ich zu meiner Tochter: „Dort hinauf möchte ich auch einmal mir dir gehen!“

Die nächsten acht Tage genossen wir erst einmal unseren Urlaub, erforschten mit neuen Bekannten die Insel und fühlten uns äußerst wohl in unserem luxuriösen Fünf-Sterne-Hotel. Allerdings waren wir auch gespannt, wie es weitergehen sollte, denn Jesus und seine Gegenwart waren deutlich zu spüren. Während auf meinem Nachttisch das Bild der „Mutter Meera“ stand, hatte meine Tochter ein Jesusbild dort stehen. Als Kind schon hatte sie eine starke Beziehung zu ihm und ich denke heute, dass sie mir darum als Begleiterin zur Seite gestellt wurde.

Am kommenden Wochenende sollte das orthodoxe Osterfest gefeiert werden. Unsere Abreise war allerdings schon für Samstagnacht vorgesehen. Im Laufe des Mittwochs vor dem Fest stellte ich Jesus die Frage: „Wolltest du uns lediglich einen schönen Urlaub schenken oder hast du noch etwas mit uns vor?“ Wieder hörte ich die bekannte innere Stimme: *„Seid Karfreitag um 15 Uhr an der Kapelle.“* Sogleich wusste ich, welche Kapelle gemeint war. Früh am Freitagmorgen machten wir uns mit dem Bus und zu Fuß auf den Weg. Wir waren ausgerüstet mit Orangen, und meine Tochter nahm ihre Bibel mit. Da wir schon um die Mittagszeit dort ankamen, pflückten wir wilde Blumen und schmückten damit die Kapelle. Dann setzten wir uns erwartungsvoll auf eine Steinmauer in die Frühlingssonne.

Immer wieder kamen Menschen vorbei, die an diesem Karfreitag die Kapelle besuchen wollten. Neben dieser gab es eine Wasserquelle, die allerdings von einem Bienenschwarm umlagert war. Als nun ein Mann auf einem Motorroller angefahren kam, um dort Wasser in einen Kanister zu füllen, half meine Tochter ihm dabei. Sie hatte bemerkt, dass er wegen der Bienen zögerte. Wir kamen mit ihm ins Gespräch, und es stellte sich heraus, dass uns viele Gemeinsamkeiten verbanden.

Jannis hatte zwanzig Jahre zuvor für etwa zehn Jahre als Psychotherapeut in Deutschland gearbeitet. In dieser Zeit praktizierte er TM, vielleicht auch noch andere esoterische und okkulte Praktiken. Dadurch war er in die Drogen- und Sexsucht abgedriftet. Sieben Jahre lang lebte er mit einer deutschen Freundin zusammen. Irgendwann jedoch spürte er eine innere Sehnsucht und machte sich auf die Suche nach der Wahrheit. Nachdem er in einigen griechischen Klöstern gesucht hatte, stieß er in seiner

Heimat Kreta auf eine christliche Gruppe. Heute weiß ich, dass es eine charismatische Gruppe war. In dieser Gruppe, so erzählte er, wurde er bei Heilungs- und Lobpreisgottesdiensten zuerst von seiner Drogensucht und dann von seiner Sexabhängigkeit geheilt. Seiner damaligen deutschen Freundin machte er das Angebot, ihn zu heiraten und diesen Weg mit ihm weiterzugehen. Als sie sich dagegen entschied, trennte er sich von ihr. Dann bat er Jesus, ihm eine passende gute Frau zuzuführen. Jesus versprach es, wenn Jannis ein ganzes Jahr lang in Reinheit leben würde.

Jesus hielt sein Wort, und Jannis schwärmte nun in hohen Tönen von seiner Ehe, die, wie er sagte, von Jahr zu Jahr inniger wurde. Inzwischen arbeitete er als Deutschlehrer auf der Insel. Er schlug uns vor, miteinander zu beten und uns über das Wort Gottes auszutauschen. Doch ich spürte einen starken Widerstand und erklärte: „Du betest und wir meditieren währenddessen." Das taten wir dann auch. Heute weiß ich, dass Jannis in „Sprachen" betete. Als er das Gebet beendet hatte, kam er zu mir und meinte: „Jesus steht vor dir. Er umarmt dich und bittet dich, die Mauer niederzureißen, die dich von ihm trennt."

Ich wusste sogleich, welche Mauer gemeint war. Es war eine sechzehnjährige starke Bindung an einen Menschen, die auch meine Ehe und Familie innerlich zersetzte. Sofort traf ich die Entscheidung, der Bitte Jesu nachzukommen und bat den Herrn, diese Mauer niederzureißen. Interessant ist in diesem Zusammenhang, dass ich in unserem Hotel mit einer Therapeutin, die dort ebenfalls ihren Urlaub verbrachte, über diese Bindung einige Gespräche geführt hatte und deshalb für die Bitte Jesu sensibilisiert gewesen war.

Nach einer Zeit der Stille ließ der Herr mir durch Jannis sagen: „Als Zeichen dafür, dass diese Begegnung keine Einbildung ist, wird ein langjähriges großes Problem mit deiner Familie gelöst sein.“ Meine Tochter und ich konnten damals noch gar nicht ermessen, wie groß und vollmächtig Jesus sich uns hier offenbart hatte! Erst zu Hause erkannten wir das Wunder, das auf das Wort des Herrn hin geschehen war. Diese Begegnung mit Jesus durch den Griechen Jannis war einer der stärksten und eindrucksvollsten Momente meiner Bekehrung und Umkehr.

Erfüllt von großer Freude trafen meine Tochter und ich abends singend und lachend wieder im Hotel ein. Dort erwartete uns schon sehr gespannt Emmanuel, der Pächter des Hotelkiosks. Während der vergangenen zehn Tage hatten wir uns mit ihm immer wieder über unseren esoterischen Hintergrund und über Gott, über unsere Suche und Erwartungen unterhalten. Auch er schien berührt durch unser heutiges Erlebnis. Er bekannte, dass er schon seit zwanzig Jahren nicht mehr in der Ostermesse gewesen sei, nun aber in der Kirche seines Bergdorfes die Osternacht mitfeiern wolle; und wir verabredeten, dass wir uns dann gegenseitig den Ostergruß zusprechen wollten.

Auf unserem Rückflug in der Osternacht zündeten meine Tochter und ich in tiefer Dankbarkeit für alles, was uns geschenkt worden war, um Mitternacht im Flugzeug ein Teelicht an und sprachen uns und Emmanuel die Worte zu: „Christus ist auferstanden.“ – „Ja, er ist wahrhaft auferstanden, Halleluja.“ (Natürlich darf man im Flugzeug keine Kerze anzünden, das machte uns ein Flugbegleiter sehr schnell deutlich!)

Nachdem wir wieder zuhause waren, erfüllte sich die Zusage Jesu: Mein Mann, der sechzehn Jahre lang an stärkster Bulimie gelitten hatte, wurde für immer davon befreit! Dieses Problem hatte uns viel Geld, Zeit und Kraft gekostet. Wir können dem Herrn nicht genug danken für diese Heilung! Es dauerte noch ein paar Wochen, bis mein Mann realisierte, dass die zwanghafte Spannung, die zur Bulimie führte, nicht wieder auftrat und er geheilt war. Wenn ihn früher diese Spannung überkommen hatte, war er nicht mehr ansprechbar gewesen. Manchmal konnte dies während eines Spazierganges geschehen. Während wir uns normal unterhielten, merkte ich auf einmal, wie er immer abwesender wurde und gegen diese immer stärker werdende Spannung ankämpfte, bis er irgendwann aufgeben musste. Einmal träumte er, wie er mit einem riesigen Wesen kämpfte und immer, wenn er auf ihm kniete und meinte, es besiegt zu haben, stand es wieder auf. Heute denken wir, dass dieser Zwang dämonischer Art war.

Mich zog es nun immer öfters in die heilige Messe und in die Anbetung, dennoch übte ich weiterhin die TM aus, nahm Medien, Hellseher und Wahrsager in Anspruch und besuchte regelmäßig privat und bei den öffentlichen Darshans die „Mutter Meera“. Die Beziehung mit Jesus wurde zwar immer inniger, doch schien sich all das andere damit vereinbaren zu lassen. Noch immer erkannte ich keinen Widerspruch.

Irgendwann erwachte in mir der Wunsch, wieder in die katholische Kirche einzutreten, und ich stellte in meiner Heimatpfarrei den entsprechenden Antrag. Ich musste für das Wiederaufnahmeverfahren einen Fragebogen ausfüllen und meine Gründe für den Wiedereintritt darlegen.

Dieser Fragebogen musste von der Bistumsleitung geprüft werden, so dass ich mich einige Zeit zu gedulden hatte.

Da mein Mann wegen seiner Mitarbeit an dem Ausbau des Hauses für „Mutter Meera“ tagelang dort wohnte, hatte ich viel Zeit für mich, die ich für lange Spaziergänge nutzte. Bei einem dieser Spaziergänge hörte ich innerlich wieder die bekannte Stimme, die mich fragte: *„Mit welchem Namen meditierst du eigentlich?“* Ich antwortete: „Mit dem Namen Paramatman.“ Dieser war ja nach wie vor für mich die höchste Gottheit. Daraufhin hörte ich: *„Warum gehst du nicht auf die sichere Seite und meditierst Abba – lieber Vater?“* Diesen Impuls konnte ich sofort annehmen, und ab sofort meditierte ich „Abba, Vater“.

Später las ich bei dem Apostel Paulus, dass es der Geist Jesu ist, der in uns betet: „Abba – lieber Vater“, und ich erkannte, wie wunderbar die heiligste Dreifaltigkeit in mir wirkte. Durch das Vaterunser-Gebet und den Namen Jesus konnte der Heilige Geist mich zum Vater führen. *„Denn alle, die sich vom Geist Gottes leiten lassen, sind Söhne Gottes. Denn ihr habt nicht einen Geist empfangen, der euch zu Sklaven macht, so dass ihr euch immer noch fürchten müsstet, sondern ihr habt den Geist empfangen, der euch zu Söhnen macht, den Geist, in dem wir rufen: Abba, Vater!“* (Röm 8,14–16; vgl. Gal 4,6).

Es ist nicht leicht zu verstehen, weshalb jemand, der all diese Erfahrungen mit Gott gemacht und Wunder erlebt hat, immer noch auf von Gott wegführenden Wegen geht. Man muss dabei bedenken, dass durch alle diese esoterischen und okkulten Praktiken, die wir fast zwanzig Jahre lang ausgeübt hatten, enorme geistige wie auch körperliche Schäden bei uns entstanden sind. Wir waren derart darin gefangen und gebunden, wie sich das ein „normaler" Mensch kaum vorstellen kann. Außerdem gab es in mir aufgrund einer frühen Kindheitsverletzung einen starken Widerstand gegen die Gnade Gottes, welche erst fünfzehn Jahre nach meiner Bekehrung aufgedeckt und gelöst werden konnte. Darauf werde ich später eingehen.

Die Fesseln, die uns banden, mussten von Jesus nach und nach gelöst werden. Und zu jedem Schritt brauchte er unsere Zustimmung, denn Gott respektiert unseren freien Willen, sein größtes Geschenk an uns. Dadurch kann dieser Prozess der Loslösung lange dauern. Nicht umsonst wird die Gottesmutter Maria auch als „Knotenlöserin" verehrt. Sie begleitet uns in diesem Prozess und führt uns behutsam zurück auf den Weg zu Jesus.

Während dieses Kampfes um unsere Seelen berührte Gott Menschen, die für uns eintraten. Sie ließen auch in Klöstern und Gemeinschaften für uns beten. Ellen, eine bekehrte Frau, die erkannt hatte, vor welchem Abgrund wir standen, lud mich an einem Wochenende in eine katholische Gemeinschaft ein. Dort saß ich dann stundenlang vor Jesus in der Eucharistie. Durch die Meditationspraxis war ich ja an langes unbewegliches Sitzen gewöhnt.

Ein paar Tage nach diesem Wochenende teilte mir der katholische Pfarrer nach der Messe freudestrahlend mit, dass die Papiere für den Wiedereintritt in die Kirche endlich eingetroffen seien. Doch ich entgegnete ihm nur kühl, dass ich es mir anders überlegt hätte. (Gott sei Dank war er so klug, die Papiere aufzubewahren!) Diese Kehrtwende war die Folge eines Gespräches mit „Mutter Meera", in welchem ich ihr erzählte: „Mutter, die Leute, die ich auch über meine Versicherungstätigkeit treffe, haben oft große

Probleme und ich möchte ihnen helfen. Wenn ich aber von dir erzähle, halten sie mich für verrückt. Also werde ich wieder in die Kirche eintreten und von Jesus zu ihnen sprechen." Daraufhin lächelte sie und sagte: „Du kannst ruhig von Jesus sprechen, aber deshalb musst du doch nicht in die Kirche eintreten!"

Zu dieser Zeit planten meine Freundin und ich, ein Buch zu schreiben mit dem Titel *Gehört mein Bauch wirklich mir?* Wir wollten vor der Abtreibung und ihren Folgen warnen. Als Heilpraktikerin hatte sie die Erfahrung gemacht, dass Frauen nach Abtreibungen oft traumatisiert waren. Dieselben Erfahrungen hatte ich als Geistheilerin gemacht. Während wir noch planten, brachte „Mutter Meera" ein Buch heraus, in dem sie von der Abtreibung als von einer in Indien üblichen Verhütungsmethode schrieb, die sie nicht zu verurteilen schien. Da ich völlig außer mir war über diese Einstellung, riet mir mein Mann, mit ihr darüber zu sprechen.

Nachdem ich telefonisch die Erlaubnis zu einem Gespräch erhalten hatte, fragt ich sie: „Mutter, du bist doch die ‚Göttliche Mutter' aller Menschen, wie kannst du dann das Töten ungeborener Kinder gutheißen?" Während sie mich anschaute, meinte sie nur: „Alle müssen einmal sterben." Auf meinen verständnislosen Blick hin fügte sie hinzu: „Auch Jesus musste sterben." Während ich nur noch stammeln konnte: „Aber das ist doch etwas ganz anderes!", tauchte ihre ständige Begleiterin auf – eine frühere Lehrerin und, wie wir glauben, die eigentliche Kraft hinter „Mutter Meera" – und damit war das Gespräch beendet. Nach diesem Vorfall traten bei mir immer mehr Zweifel auf, die sich zu einer richtigen Krise ausweiteten, aber sie reichten noch nicht aus für die endgültige Erkenntnis und Entscheidung, wieder in die Kirche einzutreten.

Drei Monate nach dem ersten Besuch in der neuen katholischen Gemeinschaft wurde ich erneut dazu eingeladen, das Wochenende dort zu verbringen. Nach zwei Tagen, ausgefüllt mit heiligen Messen und eucharistischer Anbetung, erzählte man mir von der Größe der Gottesmutter Maria. Daraufhin erwiderte ich nur: „Das ist ja alles schön und gut, aber unser Guru ist die ‚Göttliche Mutter' höchstpersönlich!" Ich hatte noch nicht wirklich begriffen ...

Nach diesem Wochenende erinnerte ich mich an das Versprechen, das ich Jesus einige Monate zuvor gegeben hatte: Ich wollte zur Beichte gehen, wenn er meinem Mann eine Gotteserfahrung schenken würde. Diese Erfahrung hatte mein Mann inzwischen während eines gemeinsamen Urlaubs gemacht. Nachdem er über die unermesslichen Dimensionen des Weltraumes gelesen hatte, wurde auch er berührt und fing an zu ahnen, wie groß Gott sein muss. Trotz der Erfüllung meiner Bitte, hatte ich mein Versprechen immer vor mir hergeschoben, doch nun trieb es mich in die Nachbargemeinde zur Beichte.

Der dortige Pfarrer sprang entsetzt aus dem Beichtstuhl, als ich ihm mitteilte, dass ich aus der Kirche ausgetreten sei. Er ereiferte sich: „Ich sah Sie doch so oft hier die heilige Kommunion empfangen. Wissen Sie denn nicht, dass das Gottesraub ist?!" Ich beruhigte ihn und sprach mit ihm über meine Absicht, wieder in die Kirche einzutreten. Anschließend ging ich zu meinem Heimatpfarrer, der die Unterlagen für die Wiederaufnahme verwahrt hatte, und war innerhalb von acht Tagen wieder in die Kirche aufgenommen. Anschließend meldete ich mich zu einem Kurs zur Glaubenserneuerung an.

Mein Mann war zunächst nicht dazu zu bewegen, mit mir gemeinsam zu diesem Glaubenskurs zu gehen. Stattdessen zog es ihn kurz vor Kursbeginn in das Haus der Inderin, und so machte er sich dorthin auf den Weg. Währenddessen betete ich ununterbrochen den Rosenkranz. Als mein Mann das Nachbardorf erreicht hatte, sah er plötzlich einen riesigen Engel mit einem Schwert vor sich, der ihm den Weg versperrte. Zutiefst betroffen kehrte er auf der Stelle um und begleitete mich nun zu dem Kurs. Wieder einmal hatte der Himmel vollmächtig eingegriffen!

Als ich auch meine Freundin und ihren Mann dazu einlud, traf ich auf keinen Widerstand, schließlich waren wir ja „offen für alles". Während der zehn Wochen, die dieser Kurs dauerte, übergaben alle Teilnehmer feierlich vor dem Allerheiligsten Jesus ihr Leben.

Dennoch ging der geistige Kampf in voller Stärke weiter. Mein Mann und ich besuchten zwar regelmäßig die heilige Messe, den Glaubenskurs und beteten auch den Rosenkranz, doch gleichzeitig meditierten wir weiter und übten immer noch alte und neue esoterische und okkulte Praktiken aus. Auch die Darshans der „Mutter Meera" besuchten wir noch regelmäßig. Wir waren psychisch und physisch so sehr gebunden und konnten schon gar nicht mehr zwischen Wahrheit und Täuschung unterscheiden und den Widerspruch erkennen, in dem wir lebten. Gott sei Dank standen uns erfahrene Seelsorger und Begleiter zur Seite, die uns in keiner Weise zu Entscheidungen drängten, sondern mit wahrere Engelsgeduld abwarteten, bis uns der Heilige Geist die Augen öffnete.

13 Entscheidung für Jesus Christus

„Darum will ich selbst sie verlocken. Ich will sie in die Wüste hinausführen und sie umwerben [...] An jenem Tag – Spruch des Herrn – wirst du zu mir sagen: Mein Mann!, und nicht mehr: Mein Baal! Ich lasse die Namen der Baale aus deinem Mund verschwinden [...] Ich traue mich dir an auf ewig; ich traue dich mir an um den Brautpreis von Gerechtigkeit und Recht, von Liebe und Erbarmen, ich traue dich mir an um den Brautpreis meiner Treue: Dann wirst du den Herrn erkennen" (Hos 2,16,18–19,21–22).

Nach Beendigung des Glaubenskurses traten mein Mann und ich in eine Gebetsgruppe ein, die sich aus diesem Kurs heraus gebildet hatte. Mit dieser Gruppe fuhren wir etwa drei Monate nach meinem Kircheneintritt nach Köln, um dort an einem großen katholischen Gebetstreffen teilzunehmen.

Am nächsten Tag besuchte ich wieder einmal in dem Dorf, in dem „Mutter Meera" wohnte, auf dem dortigen Friedhof das Grab von Mr. Reddy, dem verstorbenen Adoptivvater von „Mutter Meera". Wie immer war sein Grab wunderschön geschmückt. In der nächsten Grabreihe lag eine deutsche Devotee beerdigt, die der Inderin in dieses Dorf gefolgt und dann an Krebs gestorben war. Da deren Grab völlig verwahrlost war, kümmerte ich mich ab und zu darum. Auch jetzt säuberte ich es von Unkraut und schmückte es mit Blumen. Auf einmal hatte ich den Eindruck, innerlich zu hören: *„Schau doch einmal ganz genau hin und sieh diese Lieblosigkeit!"* Zuerst meinte ich, diese Worte würden sich nur auf den Zustand des Grabes beziehen, doch dann fiel es mir wie Schuppen von den Augen und ich erkannte ganz klar, was sich im Haus der Inderin und der Gruppe um sie herum abspielte.

Schon früher hatten mir Leute, die dort ständig wohnten, von einigen Gewohnheiten der „Mutter Meera“ und ihrer Begleitung berichtet. Da ich kaum glauben konnte, was ich da zu hören bekam, hatte ich es verdrängt. Z. B. erzählte man mir, dass das „hochheilige Darshan“, in dem doch das Licht des Allerhöchsten übermittelt werden sollte, von der Inderin abgekürzt wurde, um die damals im Fernsehen laufenden Kultserien „Dallas“ und „Denver-Clan“ nicht zu verpassen. Da mein Mann und ich jahrelang bewusst ohne Fernsehen und sonstige Medien lebten, war das für uns ziemlich unverständlich. Diese Begebenheit und andere, die nicht in mein Bild von der „Göttlichen Mutter“ passten, kamen mir jetzt wieder in den Sinn. Auch der rüde Umgangston, die Eifersüchteleien und Intrigen in ihrem Haus wurden mir nun deutlich bewusst.

Ich erinnere mich, dass ich wie unter Schock auf direktem Weg zu einem Freund fuhr, der mir schon seit Monaten vorsichtig angedeutet hatte, dass er unseren gemeinsamen Weg der Esoterik verlassen habe und zum wahren Glauben umgekehrt sei. Als ich völlig aufgelöst und schluchzend in seinem Laden stand, nahm er mich tröstend in die Arme und erzählte mir, dass er Monate zuvor in der gleichen Situation gewesen sei. Anschließend telefonierte er mit Ellen und einer Ordensschwester, die mich abholten und in ein Kloster mitnahmen.

Dort saß ich dann einige Zeit weinend und betend vor dem Allerheiligsten, während die beiden Frauen mir beistanden. Nachdem ich mich etwas beruhigt hatte, verließen wir das Kloster. Ich bekam noch einen Beutel gesegneter „wunderbarer" Marienmedaillen geschenkt mit der dringenden Empfehlung, sie in unserem Haus zu verteilen. Ich sollte sie unter anderem unter die Matratzen und Fußmatten legen, was ich dann auch tat.

Nach und nach erkannte ich all die Lügen, Illusionen und die ganze Erbärmlichkeit in dieser Szenerie der Esoterik und des Okkultismus, in der wir fast zwanzig Jahre gelebt hatten. Mir wurde die Gefahr bewusst, in der sich meine Ehe und meine Familie befand und ich wusste, dass dies nur die Spitze des Eisberges war. In was für einem Lügennetz hatten wir uns verfangen!

Ich wusste nun ganz klar: Jesus ist der einzige Weg, die Wahrheit und das Leben (vgl. Joh 14,6). Nur er kann mir geben, wonach meine Seele sich die ganzen Jahre lang gesehnt hat. Und ich traf eine Entscheidung, die mich bis heute durchträgt: *„Ich gehe mit Jesus, selbst wenn keiner mit mir geht."* Denn ich wusste nicht, ob mein Mann und meine Kinder mich auf meinem neuen Weg mit Jesus begleiten würden. „Die Umkehr beginnt immer im eigenen Herzen", sagt Pater Clemens Pilar. „Sie beginnt damit, dass man selbst den Kompromiss nicht mehr länger hinnimmt. Sie beginnt damit, dass man sich neu entscheidet, an der Quelle des lebendigen Wassers zu trinken und allen Götzen und Göttern, die heute so groß in Mode sind, abzusagen."

Ich erinnerte mich an einen Satz aus dem Buch *Der kleine Prinz*: „Was du lieben willst, das musst du kennen und dir vertraut machen." So versuchte ich, mit Hilfe meines geistlichen Begleiters, jenem Seelsorger, der mit so liebevoller Geduld auf meine Entscheidung gewartet hatte, ein regelmäßiges Gebetsleben aufzubauen. Diese Grundsatzentscheidung, die ich damals für meinen Herrn und Gott Jesus Christus getroffen habe und die ich auch immer wieder erneuere durch die Weihe an das heiligste Herz Jesu und an das unbefleckte Herz Mariens, hat mir bis heute die Gnade geschenkt, fest im Glauben zu stehen und nicht von Zweifeln beunruhigt zu werden.

Zuhause entfernte ich als Erstes einige besonders große Bilder von „Mutter Meera", ebenso die von anderen Gurus, wie z.B. von Maharishi und Sai Baba. Ich traute mich nicht, alle Bilder von „Mutter Meera" wegzunehmen, da ich nicht wusste, wie mein Mann darauf reagieren würde. (Später erklärte er mir, er habe es wohl bemerkt, jedoch abwarten wollen, was ich sonst noch so vorhabe.) Ein Jesusbild, das meine Tochter gemalt hatte, bekam einen Ehrenplatz. Endlich machte ich Schluss mit allen esoterischen und okkulten Praktiken und entsorgte sämtliche Bücher und Schriften zu diesen Bereichen. Und ich nähte einige der gesegneten Medaillen in die Kleidung meines Mannes ein …

Nachdem ich nun klar erkannt hatte, dass wir auf der falschen Seite standen, entbrannte ein erbitterter Kampf um meinen Mann. Die Inderin hatte ihm wie schon vielen anderen zuvor eine ständige Wohnung in ihrem Haus angeboten. Als mein Mann mir dies mitteilte, erwartete er, dass ich wegen dieser Gunst außer mir vor Freude wäre und alle Hebel in Bewegung setzen würde, ebenfalls dort einziehen zu dürfen. Meine gleichgültige Reaktion irritierte ihn so sehr, dass er nicht wusste, was er tun sollte. Auf langen Spaziergängen führten wir ausführliche Gespräche über meine Erkenntnisse und ich konnte ihm meine endgültige Entscheidung erklären. Daraufhin saß mein Mann drei Wochen lang auf halb gepackten Koffern.

Um ihm zu helfen und diesen Konflikt endlich zu beenden, bat ich „Mutter Meera“ um ein Gespräch mit mir und meinem Mann. Dabei fragte ich sie: „Mutter, muss mein Mann bei dir wohnen, um in den Himmel zu kommen?“ Sie lächelte und antwortete: „Ich möchte nur, dass meine Kinder glücklich sind!“ Daraufhin nahm ich sie zum ersten und einzigen Mal in die Arme und sagte: „Mutter, ich werde für dich beten!“ Hinter dem Rücken der Inderin schüttelte mein Mann nur den Kopf, als ob er mir sagen wollte: „Wer bist du denn, dass die ‚Göttliche Mutter‘ dein Gebet braucht!?“ Dies war das letzte Mal, dass ich „Mutter Meera“ persönlich gesehen habe.

Als wir nach Hause gekommen waren, packte mein Mann die Koffer aus. Auch er spürte wohl, dass die Macht, die hinter mir stand, größer war und wirkliche Sicherheit bedeutete. Man kann nur erschrecken über die unvorstellbaren Bindungen, welche diese Mächte der Finsternis bewirken können. Jedoch gegen die Allmacht des Namens Jesus, dem wir ja unser Leben übergeben hatten, und die Fürbitte unserer Mutter Maria mussten sie kapitulieren.

„Hütet euch vor den falschen Propheten; sie kommen zu euch wie (harmlose) Schafe, in Wirklichkeit aber sind sie reißende Wölfe […] Jeder gute Baum bringt gute Früchte hervor, ein schlechter Baum schlechte. Ein guter Baum kann keine schlechten Früchte hervorbringen und ein schlechter Baum keine guten. Jeder Baum, der keine guten Früchte hervorbringt, wird umgehauen und ins Feuer geworfen. An ihren Früchten also werdet ihr sie erkennen“ (Mt 7,15–20).

Meine Umkehr und mein jetziges Leben sind gute Früchte des Glaubens an den einen wahren Gott. Schlechte Früchte sollen zwei Zeugnisse dokumentieren über uns nahestehende Personen, die weiterhin im Einflussbereich von „Mutter Meera" geblieben sind:

Einer unserer besten Freunde, der schon erwähnte Musiker aus einem städtischen Sinfonieorchester, hatte das Angebot der „Mutter Meera" angenommen und ein Zimmer in ihrem Haus gemietet. Wie mein Mann half auch er an den Wochenenden sowie im Urlaub bei den Arbeiten am Haus der Inderin mit. Er war katholisch und besuchte anfangs jeden Sonntag die heilige Messe in der Dorfkirche. Immer wieder betonte er, sein Glaube sowie seine Ehe seien ihm absolut wichtig und durch seine Auszeiten bei der Inderin niemals gefährdet. Anscheinend war sein Glaube und seine Liebe doch nicht tief genug, denn später hörten wir, dass er seine Frau verlassen hatte und mit einer jüngeren Frau bei den Darshans erschienen ist.

Das andere Zeugnis betrifft meine Freundin und ihren Mann: Wie erwähnt, besuchten beide mit uns den Glaubenskurs. Während dieser Zeit begleitete mich meine Freundin einmal in die Karfreitagsliturgie. Tief berührt schilderte sie mir danach, dass sie gesehen habe, wie ein Antlitz sie unendlich zärtlich und liebevoll anschaute, und dass sie glaube, es sei Jesus gewesen. Als sie dieses Erlebnis „Mutter Meera" erzählte, meinte diese nur, dass sie einer Täuschung erlegen sei. – Einige Tage später erklärte mir meine Freundin: „Renate, wir freuen uns für dich, dass deine Krise beendet ist und du dich für Jesus entschieden hast. Wir aber haben uns anders entschieden und bleiben bei dem *lebendigen* Gott, bei Mutter Meera."

Meine Freundin und ihr Mann besuchten uns danach noch einige Male. Als ihr Mann einmal alleine zu Besuch kam, sah er auf unserem Tisch ein Novenenbüchlein mit dem Bild des Barmherzigen Jesus liegen. Als ich seinen Blick bemerkte, schenkte ich es ihm. Daraufhin erzählte er, dass seine Eltern Christen in einer Freikirche seien und er als Jugendlicher ebenfalls jahrelang evangelisiert habe. Glücklich nahm er das Büchlein mit sich.

Einige Wochen später kam meine Freundin ohne ihren Mann zu uns. Sie brachte die Novene zurück mit den Worten: „Als mein Mann darin von der Hölle gelesen hatte, rastete er furchtbar aus, und wir dachten schon, wir müssten ihn in die Psychiatrie einweisen lassen!" Ich denke, dass sich seine Seele an die Wahrheit erinnerte, die er früher verkündet hatte. Ich konnte meiner Freundin immer wieder nur sagen: „Lass deinen Mann zu Jesus kommen, er wird ihm helfen!" Doch sie war nicht zu überzeugen. Von den Zeugen Jehovas hatte sie erklärt bekommen, dass es die Hölle, an die die Katholiken glauben, gar nicht gäbe. Die Hölle würden sich die Menschen auf Erden selbst schaffen ...

Wir mussten dann mit dieser Freundin wie mit allen anderen aus der Szene den Kontakt abbrechen, um uns zu schützen. Einige Zeit später erfuhr ich, dass ihr Mann Stimmen hörte, die ihn zu Gewalttaten aufriefen, so dass er vorübergehend in die Psychiatrie eingeliefert werden musste. Er hatte auch versucht, seine Frau brutal umzubringen mit der Begründung, der Teufel habe es ihm befohlen. Im letzten Moment kam der Sohn hinzu und konnte es verhindern. Sie verloren ihr neu gebautes Haus und mussten bei einem der Söhne unterkommen.

Als meine Freundin mich einmal Jahre später anrief, erzählte sie mir, dass sie jetzt auch mit Jesus gehe. Sie hatte sich einer Gruppe angeschlossen, die an die Wiedergeburt glaubte. Es war die okkulte Gruppe um den verstorbenen Bruno Gröning, der sich als Heiler ausgab. Ich konnte ihr nur den Rat geben: „Lass die Hand von Jesus nicht mehr los!", und sie und ihre Familie seiner Barmherzigkeit empfehlen. Dann hörte ich nichts mehr von ihr, bis ich erfuhr, dass sie an Krebs gestorben war.

„Ach, mach halt mit! Ist doch nur ein bisschen okkultistische Spielerei."

14 Befreiung und Heilung

„Denn ich, ich kenne meine Pläne, die ich für euch habe – Spruch des Herrn –, Pläne des Heils und nicht des Unheils; denn ich will euch eine Zukunft und eine Hoffnung geben. [...] Wenn ihr mich ruft, wenn ihr kommt und zu mir betet, so erhöre ich euch. [...] Wenn ihr von ganzem Herzen nach mir fragt, lasse ich mich von euch finden – Spruch des Herrn. Ich wende euer Geschick ...“ (Jer 29,11–14).

Gute Priester, Gebetsgruppen und auch eine katholische Gemeinschaft fingen uns auf und begleiteten uns auf unserem Weg vom Abhang zur Hölle in das wahre Leben, das nur Gott geben kann. Wir ließen niemanden mehr in unser Haus, der sich noch in der esoterischen Szene befand, besonders keine Anhänger der „Mutter Meera“. Denn jedes Mal, wenn uns diese Leute besuchten, brach zwischen meinem Mann und mir alles zusammen. Wir gerieten dann immer wieder in Auseinandersetzungen, die den Bestand unserer Ehe und der Familie bedrohten.

Unsere ehemaligen Bekannten und Freunde konnten unser Verhalten natürlich nicht begreifen. Lediglich Leute, die unseren Rat suchten, weil sie ebenfalls erwogen, aus dem Kreis um die Inderin auszusteigen, ließen wir herein.

Wir erhielten das große Geschenk, dass ein älterer, heiligmäßiger Priester sich bereit erklärte, uns geistlich zu begleiten. Da er ganz klar erkannte, dass die Gegenseite ganze Legionen gegen uns einsetzen würde, verließen wir nach dem ersten Treffen sein Haus mit einigen schützenden Geschenken. Mein Mann trug seinen ersten Rosenkranz um den Hals und im Arm hielt er eine Flasche, die geweihtes Wasser aus verschiedenen Marienwallfahrtsorten enthielt wie z. B. aus Lourdes und Fatima. Außerdem schenkte der Priester uns ein Bild der Gottesmutter von Medjugorje mit der Bemerkung: „Am liebsten würde ich euch sofort in ein Flugzeug nach Medjugorje setzen." – Später sollte Medjugorje für uns und einen Teil unserer Familie zur zweiten Heimat werden. – Durch das Gespräch mit diesem Priester, der uns dann zwölf Jahre lang begleitete, war meinem Mann und mir deutlich geworden, in welcher Gefahr sich unsere Familie noch befand. Daher begannen wir noch im Auto den ersten gemeinsamen Rosenkranz zu beten.

Der Priester hatte uns auch Heilungs- und Befreiungs-Exerzitien bei Pater Buob empfohlen. Während dieser Exerzitien wurde in stundenlangen Gesprächen erkannt, wie sehr wir noch gebunden waren. Vor allem durch den Götzendienst bei der Inderin waren unsere Nervenbahnen von den Mächten besetzt, die hinter ihr standen. Immer noch konnte sie uns durch Personen, die mit ihr verbunden waren, spirituell erreichen.

Wenn aber Gott eingreift, dann hat er alles auf das Wunderbarste vorbereitet. So war in diesem Kurs der emeritierte Bischof Dr. Stimpfle anwesend. Er konnte uns kraft seiner Autorität als Nachfolger der Apostel von allen negativen Bindungen durch Gebet befreien. In tagelanger Kleinarbeit mussten wir zuvor alles auflisten, was wir jemals praktiziert und auf was wir uns eingelassen hatten. Nun konnte der Prozess der Heilung beginnen.

In einem weiteren Kurs weihten wir uns der Gottesmutter Maria. Sie ist für uns wirklich zu der Hilfe geworden, für die sie mit dem Titel „Hilfe der Christenheit" verehrt wird. Ihr, der Braut des Heiligen Geistes, vertrauen wir uns in allen Lebenslagen an. Und unter ihrem schützenden Mantel wissen wir uns in diesem ständigen Kampf gegen die Nachstellungen Satans geborgen.

Nach einigen Monaten flog ich dann das erste Mal nach Medjugorje, einem Ort in Bosnien-Herzegowina, an dem noch heute die Mutter Gottes erscheinen soll. Eine meiner Töchter begleitete mich. Sie war zu dieser Zeit noch in der esoterischen Szene und hatte eigentlich nicht vor, diese zu verlassen. So war es ein kleines Wunder, dass sie sich plötzlich dafür entschieden hatte, mich auf dieser Wallfahrt zu begleiten. In Medjugorje wurde ihr eine tiefe Bekehrung geschenkt. Als Kind hatte sie lediglich einmal gebeichtet und kommuniziert. Am dritten Tag dieser Wallfahrt fragte sie mich plötzlich: „Mama, beichten – wie geht das?" Und so kam es, dass sie nach zwanzig Jahren wieder das Sakrament der Versöhnung empfing und danach die tägliche Eucharistie. Ihr Glaube wurde zwar nach der Bekehrung noch stark auf die Probe gestellt, doch nachdem sie ihr Leben Jesus übergeben hatte, geht sie bis heute den Weg mit ihm.

Immer wieder nahmen wir an Einkehrtagen, Lobpreis-Gottesdiensten und Exerzitien teil. Bei Schwester Usha lernten mein Mann und ich die Schritte der Vergebung kennen. Wir wurden schließlich darin ausgebildet und ausgesandt, diese Form der Vergebung zu lehren. Seit etwa fünfzehn Jahren gebe ich nun das Erlernte in Vorträgen, Seminaren und Einzelgesprächen weiter, und der Herr segnet diese Versöhnungstätigkeit durch Bekehrung und Heilung. Viele Gebetsgruppen sind dadurch entstanden. Täglich dürfen wir die Liebe, die Barmherzigkeit, den

Frieden sowie das wunderbare Wirken der Vorsehung unseres himmlischen Vaters erfahren. Und wir vertrauen seinem Wort: *„Glaube an den Herrn Jesus, so wirst du und dein Haus gerettet werden!“* (Apg 16,31).

In den zwanzig Jahren, die wir in der Esoterik lebten, schleppte ich meinen kranken Mann von Heiler zu Heiler, von Scharlatan zu Scharlatan. Jede Technik und jede Heilmethode, die an uns herangetragen wurde oder die ich erlernte, probierten wir an ihm aus. Trotzdem ging es ihm gesundheitlich immer schlechter. Auch unsere Ehe war ständig gefährdet, und unsere Kinder hatten sich von uns abgewandt, was ich damals aber nicht bemerkt hatte. (Erst in Medjugorje sprach meine Tochter mit mir darüber!) Außerdem verloren wir unser ganzes Vermögen.

Jetzt ist der Dreifaltige Gott unsere einzige Anlaufstelle und Jesus unser ausschließlicher Heiland. Bei Erkrankungen suchen wir ärztliche Hilfe, wobei wir unterscheiden, ob ein Arzt nach wissenschaftlichen oder nach esoterischen Methoden praktiziert. Bei manchen Erkrankungen, z.B. bei Bronchitis, nehmen wir auch pflanzliche Mittel ein, aber keine Homöopathie.

Wir bemühen uns, ein Leben aus den Sakramenten, d.h. mit häufiger Beichte und täglicher Kommunion zu führen; mein Mann erhält auch öfter die Krankensalbung. Wir beten den Rosenkranz, und da wir das Glück haben, dass es in unserer Stadt eine Anbetungskapelle gibt, können wir den Herrn so oft wie möglich dort anbeten. Täglich lesen wir das Wort Gottes und versuchen, durch seine Gnade nach seinem heiligen Willen zu leben.

Zum Schutz trägt jeder von uns ein geweihtes Kreuz und eine Marienmedaille. Regelmäßig segnen wir unsere

Wohnung mit Weihwasser aus und bitten Jesus, uns und alle, die zu uns gehören, mit seinem kostbaren Blut zu versiegeln. Und er segnet uns mit seinem Frieden und seiner Freude, sowohl in unserer Ehe und Familie wie auch die Menschen, die er uns zuführt. Heute leben wir in unserer sich ständig vergrößernden Familie miteinander in Frieden und sind uns sehr zugetan. Das zeigt sich auch bei den großen Familientreffen, zu denen, sofern sie es einrichten können, alle gerne erscheinen und miteinander feiern.

Wie sehr wir des himmlichen Schutzes ständig bedürfen, und dass ohne die Zulassung des himmlischen Vaters niemand uns einen Schaden zufügen kann, wird deutlich an den folgenden Erlebnissen, die sich innerhalb weniger Monate ereigneten. Drei Mal geriet ich in Gefahr, durch eine Explosion getötet zu werden.

An einem Maitag wollte ich mit einer Tochter und zwei meiner Enkel nach Medjugorje fliegen. Nachdem wir stundenlang auf unser Flugzeug gewartet hatten, erfuhren wir, dass tags zuvor in dieser Maschine eine Bombe gefunden worden war.

Drei Monate später saß ich mit einer Enkelin und deren Freundin im Zug auf dem Weg zu einer katholischen Gemeinschaft. Da die beiden Mädchen auf der Fahrt miteinander spielten, nutzte ich die Zeit, um den Rosenkranz zu beten. Wochen später erfuhr ich, dass wir in einem der beiden Züge gesessen hatten, in denen Bomben in Koffern versteckt waren, die in Hamm hätten hochgehen sollen. Lediglich ein kleiner technischer Defekt hatte die Explosion verhindert.

Im Oktober des gleichen Jahres besuchte uns eine unserer Töchter. Nach einem gemeinsamen Stadtbummel standen wir eine Weile etwas unentschlossen am Ende der Bushaltestelle und überlegten, ob wir den Bus nach Hause nehmen oder noch ins Kino gehen sollten. Auf einmal erschütterte eine furchtbare Explosion die Luft. Menschen schrien und liefen nach allen Seiten weg. Dann kam die Ambulanz und mehrere Polizeiwagen. Aus der Zeitung erfuhren wir später, dass ein Mann eine Gasflasche mit sich geführt hatte, die versehentlich explodierte. Dabei wurde er zerrissen und das Dach der Haltestelle zerstört. Gott sei Dank gab es keine weiteren Todesopfer, lediglich einige Leichtverletzte. Wären wir nicht so unentschlossen gewesen, hätten auch wir genau an der Stelle der Explosion unter dem Haltestellendach gestanden, zumal es gerade angefangen hatte zu regnen.

Mir war ganz mulmig zumute, als ich am nächsten Tag darüber nachdachte. Ich rief unseren Priester an und fragte ihn, ob die Bedrohung etwa mir gegolten habe. Daraufhin erwiderte er: „Ja, sie galt eurer Ehe." Wieder einmal sollten mein Mann und ich wohl auseinandergebracht werden, da Eheleute, die miteinander beten, eine große Vollmacht haben. Und außerdem schien sich die Gegenseite dafür rächen zu wollen, dass wir den Fängen des Bösen entkommen waren ...

Immer wieder ereignen sich kleinere und größere Wunder in unserem Leben. Während ich vor einigen Jahren an Exerzitien in Illerberg teilnahm, geschah an meinem Mann ein Heilungswunder. Nach dem Lobpreisgottesdienst sagte Pater A., Jesus habe jeden Einzelnen gesegnet. Zwei Mal wies er genau in meine Richtung und sagte: „Ganz besonders segnete Jesus diese Person." Zuvor hatte ich laut für meinen Mann eine Fürbitte ausgesprochen.

Als ich dann nach Hause kam, ging es meinem Mann sehr schlecht. Der Arm, an den das Dialysegerät angeschlossen wird, war extrem geschwollen und schmerzte. Der Arzt entschied anhand der Ultraschallbilder, dass sofort operiert werden müsse. Denn nahe dem Herzen habe sich in den Venen ein Pfropfen gebildet, der den sofortigen Tod meines Mannes bewirken könne. Plötzlich fielen dem Arzt einige Ultraschallbilder zu Boden, und er musste daraufhin die Aufnahmen wiederholen. Als er die neuen Bilder betrachtete, rief er aus: „Da haben Sie Ihr Wunder!"– auf einmal war kein Pfropfen mehr zu sehen. Halleluja, unser Herr ist groß!

15 Versöhnung und Gebet – unsere Waffenrüstung

Zum Abschluss meines Zeugnisses möchte ich auf die Frage, die mir immer wieder gestellt wird, nämlich wie ich überhaupt in die Fänge der Esoterik geraten konnte, antworten. Ich selbst habe lange nicht erkannt, weshalb ich mich diesen Mächten der Finsternis zugewandt habe und warum sie mich immer tiefer in ihren Bann ziehen konnten. Erst während Exerzitien, etwa fünfzehn Jahre nach meiner Bekehrung, wurde in einem persönlichen Gespräch ein bestimmtes schmerzhaftes Ereignis aus meiner Kindheit berührt, und ich wurde gefragt: „Haben Sie Gott dieses Ereignis schon verziehen?" Ich erinnere mich, dass alles in mir erstarrte und ich wie aus der Pistole geschossen antwortete: „Nein, und ich will das auch nicht! Ich will hier nur weg, lasst mich sofort gehen!"

In mir hatte sich alles verkrampft vor Bitterkeit und Hass in Rebellion gegen Gott, den Vater. Niemals zuvor waren mir dieser Groll und diese Verbitterung bewusst gewesen, da ich in Jesus ja meine große Liebe wiedergefunden hatte. Nachdem meine Gesprächspartnerin sowie zwei Priester einige Zeit über mir gebetet hatten, erklärte ich mich bereit, meine Anklage gegen Gott fallen zu lassen und mich mit dem himmlischen Vater zu versöhnen. Er war es, dem ich nicht vergeben konnte, weil er gewisse tiefe Verletzungen in meiner Kindheit zugelassen hatte. Diese Wunden waren wohl so schmerzhaft, dass es viele Jahre des Betens bedurfte, als Vorbereitung auf diesen Moment, damit ich seine versöhnende und heilende Vaterliebe annehmen konnte.

Denn Gott handelt nicht ohne unsere Einwilligung, er respektiert unsere freie Willensentscheidung. Mit unendlicher Langmut und Geduld wartet er darauf, dass wir uns ihm zuwenden. Meine Geschichte ist ein Beispiel dafür, wie Unversöhnlichkeit, in der wir leben, Satan und seinen Dämonen als Einfallstür dient. Darum ist es lebens- und heilsnotwendig für uns, zur Versöhnung mit Gott, unseren Mitmenschen und auch mit uns selbst bereit zu sein! Satan, der gefallene Lichtengel, kennt uns und unsere Geschichte ganz genau; er weiß, wo er mit seinen Verführungskünsten ansetzen kann. Doch ich weiß nun, dass Jesus immer an unserer Seite war!

„Danket dem Herrn denn er ist gütig, denn seine Huld währt ewig. So sollen alle sprechen, die vom Herrn erlöst sind, die er von den Feinden befreit hat. Sie, die saßen in Dunkel und Finsternis, gefangen in Elend und Eisen, die den Worten Gottes getrotzt und verachtet hatten den Ratschluss des Höchsten, deren Herz er durch Mühsal beugte, die stürzten und denen niemand beistand, die dann in ihrer Bedrängnis schrien zum Herrn, die er ihren Ängsten entriss, die er herausführte aus Dunkel und Finsternis und deren Fesseln er zerbrach: Sie alle sollen dem Herrn danken für seine Huld, für sein wunderbares Tun an den Menschen. Sie sollen ihm Dankopfer weihen, mit Jubel seine Taten verkünden“ (Ps 107,1–2,10–15.22).

Jede der scheinbar so harmlosen Praktiken, Techniken und Methoden, die wir ausgeübt haben, hätte uns in die Besessenheit und den Selbstmord führen können, wie es schon so oft bei anderen Menschen geschehen ist und wie es viele Exorzisten erlebt haben. In dem Ritual der Meister-Einweihungen in die Meditationsarten TM und Reiki sowie auch in anderen esoterischen und okkulten Praktiken wird Bezug darauf genommen, dass die „Buddha- oder Christusnatur“ – was für das östliche Verständnis etwa dasselbe ist – immer mehr wachsen soll. So führen diese Einweihungen zu einer Form der Vergöttlichung des Menschen, d.h., dem so Eingeweihten wird immer bewusster, dass er für alles selbst verantwortlich und selbst der Meister seines Lebens und der Umstände ist. Dadurch entstehen stärkste okkulte Bindungen.

Vielfach zeigen sich solche verborgenen dämonischen Abhängigkeiten erst, wenn ein Mensch sein Leben Jesus übergeben und sich von allen Gräueltaten lossagen möchte. Dann entbrennt der geistige Kampf um die Seele erst recht, denn diese Mächte lassen einen nicht so leicht wieder los! Eine wichtige Voraussetzung für die Befreiung von allen dämonischen Bindungen ist die Bereitschaft zur Versöhnung: mit Gott, mit den Nächsten und mit sich selbst. Denn *„wenn euch also der Sohn* (Gottes) *befreit, dann seid ihr wirklich frei“* (Joh 8,36).

Gerade in der jetzigen Zeit des Generalangriffs der feindlichen Mächte und Gewalten sollten wir ausschließlich auf die einzig sichere Karte setzen: auf das Wort Gottes und den Namen Jesus Christus, denn vor diesem Namen muss jedes Knie sich beugen und jede Zunge muss bekennen: Er ist der Herr! (vgl. Röm 14,11; Jes 45,23–24). Wir brauchen keine Angst zu haben, wenn wir irgendwie in die Esoterik verstrickt waren. Wir dürfen dem Gebet und Jesus Christus vertrauen, der gesagt hat: *„Mir ist alle Macht gegeben im Himmel und auf der Erde. Seid gewiss:*

Ich bin bei euch alle Tage, bis zum Ende der Welt" (Mt 28,18.20).

Wie stark das gemeinschaftliche Gebet wirken kann, möchte ich an einem Beispiel aufzeigen, das wir von Christen hörten, die es miterlebt haben: In einem Ort in Holland gründete die TM ein sogenanntes Siddhadorf, in dem mehrere hundert Meditierende zusammenlebten. Zwei Mal täglich übten sie gemeinsam ihr Meditationsprogramm mitsamt der Flugtechnik aus. Zur gleichen Zeit beteten und sangen zehn bis fünfzehn Christen in der Dorfkirche Lieder zum kostbaren Blut Jesu. Dadurch wurden die Meditierenden auffällig gestört und in der Ausübung ihrer Techniken behindert.

Ein zweites Beispiel habe ich der Zeitschrift der überkonfessionellen Bewegung *Campus für Christus* in der Schweiz, *Esoterik 2*, entnommen: „Spiez war lange Zeit ein Mekka für die Esoteriker. Aus aller Welt kamen Menschen, um sich von den Ärzten der Alternativmedizin behandeln zu lassen. Das Kursprogramm der Volkshochschule war vor allem durch esoterische Angebote ausgefüllt. Vor fünf Jahren haben wir begonnen, die Herrschaft Christi über Spiez und seine Bewohner auszurufen und intensiv gegen alle abergläubischen Praktiken in der Stadt zu beten. Als Erstes beteten wir, dass die esoterischen Kurse, die im Bahnhofslokal stattfanden, aufhören würden. Gott erhörte unser Gebet. Im Moment findet kein einziger Esoterikkurs mehr dort statt. Jetzt können wir im Bahnhofslokal sogar regelmäßig Gottesdienste durchführen.

Weiter beteten wir, dass der Esoterik-Shop aus der Stadt verschwindet. Einige Monate später wurde der Laden wegen mangelnder Kundschaft geschlossen. In einem speziellen Haus haben drei Personen stark okkulte Praktiken durchgeführt. Die sind weggezogen. Gläubige Christen wohnen jetzt in diesem Haus. Eine Frau hatte ein Aura-Zentrum und verkaufte am Jahrmarkt ‚heilende' Steine, gerade neben unserem christlichen Bücherstand. Anlässlich des letzten Marktes hat sie sich bei unserem Stand für die Nachfolge Jesu entschieden und ihren Steinverkauf aufgelöst. In Spiez gab es eine Arztpraxis, in der auch sogenannte weiße Magie betrieben wurde. Wie durch ein Wunder haben zwei gläubige Ärzte jetzt die Praxis übernommen, der ehemalige Arzt ist weggezogen. Jetzt finden Menschen in dieser Praxis zum Glauben an Jesus Christus. Einige erlebten sogar ein Heilungswunder Gottes.

Wir haben nie jemandem etwas Schlechtes gewünscht. Wir haben alle unter den Segen Gottes gestellt, aber gleichzeitig gebetet, dass sie alle widergöttlichen, die Menschen versklavenden Praktiken beenden. Gott hat die Veränderungen bewirkt. Er erhört unser Gebet im Namen Jesu, wenn es zum Wohl der Menschen ist."

Wenn auch um uns herum die Abgötterei zunimmt, sollten wir uns die Freude über unsere Erlösung durch Jesus nicht nehmen lassen und sie auch zeigen. Diese Freude sowie den wahren Frieden, den die Welt uns nicht geben kann, hat Jesus uns mit den Worten zugesagt: *„Wie mich der Vater geliebt hat, so habe auch ich euch geliebt. Bleibt in meiner Liebe! Wenn ihr meine Gebote haltet, werdet ihr in meiner Liebe bleiben [...] Dies habe ich euch gesagt, damit meine Freude in euch ist und damit eure Freude vollkommen wird"* (Joh 15,9–11).

Wir müssen von einer heiligen Unruhe beseelt sein, von der Unruhe, allen das Geschenk des Glaubens und der Freundschaft mit Christus zu bringen. Papst Johannes Paul II. kommt in seinem Schreiben *Novo Millennio Ineunte* auf das „große Interesse an Spiritualität in der heutigen säkularen Welt zu sprechen und darauf, wie andere Religionen auf diese Nachfrage in ansprechender Weise reagieren. Er fährt fort, indem er den Christen diesbezüglich eine Herausforderung stellt: ‚Aber wir, die wir die Gnade empfangen haben, an Christus, den Offenbarer des Vaters und den Retter der Welt zu glauben, haben eine Pflicht zu zeigen, in welche Tiefen die Beziehung mit Christus führen kann' (n. 33). Diejenigen, die auf dem weltweiten Jahrmarkt religiöser Angebote einkaufen, werden den Ruf des Christentums zuerst im Zeugnis der Glieder der Kirche vernehmen, in ihrem Vertrauen, in ihrer Ruhe, Geduld und Fröhlichkeit und in ihrer konkreten Liebe zum Nächsten, in allen Früchten ihres Glaubens, der durch authentisches persönliches Gebet genährt wird."

Denn in Wahrheit ist uns die Liebe und die Freundschaft Gottes geschenkt worden, damit sie auch die anderen erreiche. Wir haben den Glauben empfangen, um ihn an die anderen weiterzugeben. Und wir müssen Früchte hervorbringen, die bleiben.

„Die Christen, genährt von Wort und Sakrament, (müssen) die Stufen der Kathedrale hinabsteigen, um das Evangelium in jeden Aspekt des täglichen Lebens zu tragen – Geht! Die Messe ist zu Ende!" (Zitate aus: *Jesus Christus – der Spender lebendigen Wassers*)

Jesus spricht: *„Mein Vater wird dadurch verherrlicht, dass ihr reiche Frucht bringt und meine Jünger werdet. Ihr seid meine Freunde, wenn ihr tut, was ich euch auftrage. Ich* *nenne euch nicht mehr Knechte; denn der Knecht weiß nicht, was sein Herr tut. Vielmehr habe ich euch Freunde genannt; denn ich habe euch alles mitgeteilt, was ich von meinem Vater gehört habe. Nicht ihr habt mich erwählt, sondern ich habe euch erwählt und dazu bestimmt, dass ihr euch aufmacht und Frucht bringt und dass eure Frucht bleibt. Dann wird euch der Vater alles geben, um was ihr ihn in meinem Namen bittet. Dies trage ich euch auf: Liebt einander!"* (Joh 15,8.14–17).

Sprechen wir deshalb mit dem Apostel Paulus: *„Dankt dem Vater mit Freude! Er hat euch fähig gemacht, Anteil zu haben am Los der Heiligen, die im Licht sind. Er hat uns der Macht der Finsternis entrissen und aufgenommen in das Reich seines geliebten Sohnes. Durch ihn haben wir die Erlösung, die Vergebung der Sünden. Er ist das Ebenbild des unsichtbaren Gottes, der Erstgeborene der ganzen Schöpfung. Denn in ihm wurde alles erschaffen, im Himmel und auf Erden, das Sichtbare und das Unsichtbare, Throne und Herrschaften, Mächte und Gewalten; alles ist durch ihn und auf ihn hin geschaffen. Er ist vor aller Schöpfung, in ihm hat alles Bestand. Er ist das Haupt des Leibes, der Leib aber ist die Kirche. Er ist der Ursprung, der Erstgeborene der Toten; so hat er in allem den Vorrang. Denn Gott wollte mit seiner ganzen Fülle in ihm wohnen, um durch ihn alles zu versöhnen. Alles im Himmel und auf Erden wollte er zu Christus führen, der Friede gestiftet hat am Kreuz durch sein Blut"* (Kol 1,12–20).

16 Esoterik und Okkultismus im Alltag

„Es soll bei dir keinen geben, der seinen Sohn oder seine Tochter durchs Feuer gehen lässt, keinen, der Losorakel befragt, Wolken deutet, aus dem Becher weissagt, zaubert, Gebetsbeschwörungen hersagt oder Totengeister befragt, keinen Hellseher, keinen, der Verstorbene um Rat fragt. Denn jeder, der so etwas tut, ist dem Herrn ein Gräuel“ (Dtn 18,10–12).

Beweggründe zur Anforderung widergöttlicher Hilfe können sein (vgl. Campus für Christus, *Esoterik* 2):

- Das Verlangen nach Glück, leiblichem und materiellem Wohlergehen und Vergnügungen. Zum Spaß und Zeitvertreib, aus Unwissenheit und sträflichem Leichtsinn, ohne sich dabei etwas zu denken oder daran zu glauben. Man sucht Glück und Gesundheit unter allen Umständen zu erhalten und Krankheit um jeden Preis zu heilen.
- Die Furcht vor Unglück und Krankheit infolge eines Mangels an Vertrauen zu dem allmächtigen Gott.
- Der Nachahmungstrieb, der sich auch in Sitten und Gebräuchen von unseren Voreltern her äußert.
- Die Neugierde, näheres über die Zukunft zu erfahren und der Vorsatz, das „Schicksal“ selbst zu meistern.
- Das Seligwerdenwollen durch Selbsterlösung mit eigenen Werken oder auf magische Weise.

Pater Clemens Pilar, der sich intensiv mit dem Thema Esoterik und Okkultismus beschäftigt, unterscheidet zwischen Soft-Esoterik und härteren okkulten Praktiken: Die

Soft-Esoterik lege erst einmal einen Grauschleier über die Seele, der sich aber von Mal zu Mal immer mehr verdichte. Eine ehemalige Satanistin sagt dazu: „Die größte Gefahr ist es, diese Soft-Esoterik sowie jeglichen scheinbar harmlosen Einstieg zu unterschätzen und zu bagatellisieren."

Wie dicht diese esoterische Atmosphäre hier und heute ist, habe ich gerade wieder erlebt. Auf die Mitteilung, dass bei uns ein weiteres Enkelkind unterwegs sei, antwortete mir eine gute Bekannte spontan: „Oh, im Oktober kommt es! Ein Skorpiönchen!" Diese Bekannte würde dem Kind vielleicht einen Sternzeichenanhänger schenken. Andere bringen Traumfänger und Glücksfahnen mit. Möglicherweise pendelt man das Geschlecht des Kindes aus und empfiehlt der Mutter gegen körperliche und seelische Beschwerden Bach-Blütentropfen sowie Homöopathie.

Wie geht es nun mit diesem Kind weiter?

Im Kindergarten malt es sogenannte Mandalas (Sanskrit: Kreis). Als Mandala wird auch in unserer westlichen Welt inzwischen fast jeder Kreis bezeichnet, sogar die Rosette im Kirchenfenster. Ein Mandala dient im Hinduismus und Buddhismus als Meditationshilfe komplexer religiöser Zusammenhänge und symbolhafter Erfahrungen.

Das Mandala-Malen ohne spirituellen Hintergrund ist noch keine Esoterik, aber es ist ein Symbol. Ein Symbol weist auf etwas hin, man könnte es auch als ein Gefährt bezeichnen, das eine bestimmte Richtung ansteuert. Im Christentum weist z.B. die Jakobsmuschel zum Grab des heiligen Jakobus. Das Kreuz erinnert uns an die Erlösungstat Jesu Christi, des Sohnes Gottes.

In der Schule werden die Kinder dann angeleitet, sich auf

das Zentrum des Mandalas zu konzentrieren als Übung zur Stille und Konzentration. Einzelne Schulkinder zeigten nach Mandala-Meditation Verstörtheit bis hin zu schweren seelischen Störungen, Ängsten, Albträumen, Verwirrtheit und Selbstmordgedanken. Die Mandala-Meditation muss daher zu den okkulten Praktiken gezählt werden.

Beim Kleinkind kommen nun Bibi-Blocksberg-Kassetten und Pokémon-Karten hinzu. In einer Pokémon-Parole, gerichtet an Neun- bis Zehnjährige, wurden Kinder aufgefordert, immer wieder zu sagen: „Die Zeit steht still, die Dunkelheit bricht an. Entfessle das Pokémon in dir und rette die Welt." Dieser Rettungsgedanke zieht sich übrigens durch die ganze Esoterik.

Überall machen sich im Kinderzimmer Hexen, Vampire und Gespenster breit. Kürzlich sah ich eine Ankündigung für „Der kleine Vampir – Musical für Kinder". Relativ jung schon schwärmen die Kinder dann aus, um am Halloween-Tag, dem 1. November, als Geister Gaben zu erbetteln: „Wir sind die Rübengeister und haben einen Meister. Der Meister hat befohlen, wir sollen etwas holen. Geld oder Leben, was Süßes raus, sonst spukt's im Haus."

Das heidnische Fest Halloween geht auf die irischen Kelten zurück, die daran glaubten, dass alle im letzten Jahr verstorbenen Seelen an diesem Tag, der dem Totengott Samhein geweiht war, zurückkehren. Die Priester der Kelten, die Druiden, waren Zauberer und Wahrsager. Sie waren sehr gefürchtet, weil sie auch Menschenopfer verlangten, meistens waren es Kinder, die lebendig verbrannt wurden. Wir kennen solche Opfer auch aus dem Alten Testament, wo dem Götzen Moloch ebenfalls Kinder dargebracht wurden. Die Druiden stellten einen ausgehöhlten Fratzenkürbis mit einer Kerze vor das Haus, in dem das von ihnen ausgesuchte und zu opfernde Kind wohnte. Sind also diese Kürbisse vor unseren Häusern wirklich nur Schmuck oder beteiligen wir uns dabei an etwas, was wir gar nicht wollen, indem wir uns mit alten heidnischen Bräuchen identifizieren? Papst Gregor IV. weihte im 9. Jh. diesen Tag zu Ehren aller Heiligen (Fest „Allerheiligen").

Zu all diesen Beeinflussungen kommt eine gewisse Art von Musik hinzu. Einige Rockmusiker werden mit satanischen Gruppen in Zusammenhang gebracht. Es gibt Zeugnisse von Menschen, die ausgesagt haben: „Ich wurde zu Gewaltakten getrieben und verstehe nicht, warum. Ich habe lediglich Musik von dieser Gruppe gehört." In bestimmten Kreisen wird jede Kassette oder CD im Rahmen einer Schwarzen Messe Satan geweiht. Das Logo des Unternehmens WICCA findet man auf bestimmten Kassetten und CD-Hüllen von Rockmusik. Dieses Unternehmen hat zum Ziel, vor allem deshalb Musik unter Jugendlichen zu verbreiten, um sie zum Satanismus hin zu orientieren, zu einem mehr oder weniger ausdrücklichen Kult an die Person Satans und an die Mächte der Finsternis. Das ist keine Geschichte aus dem Mittelalter, sondern steht in den Statuten dieser Firma, die eine Anzahl von einflussreichen und bekannten Rocksängern betreut.

Nachdem man von Kindesbeinen an mit all diesen negativen geistigen Eindrücken in Berührung gekommen ist, ist man empfänglich und bereit für härtere okkulte Praktiken. Aus Spaß verabredet man sich als Jugendlicher zum Gläser- und Tischerücken, zum Pendeln, automatischen Schreiben und Rutengehen, oder man nimmt am Ouija-Brett Platz. Das alles sind magische Rituale, eine Beschwörung von geheimnisvollen Kräften, Zauberei. Vor allem in Jugend- und Frauenzeitschriften werden diese Praktiken, zu denen genaue Anweisungen gegeben werden, als Spaß und Nervenkitzel hingestellt. Mit dem Pendel werden z. B. Geister beschworen und Kontakte mit Verstorbenen hergestellt. Über das sogenannte „Hexenbrett" werden Antworten aus dem Jenseits empfangen. Mit all diesen Praktiken ist man schon mitten im schwärzesten Spiritismus. Betroffene berichten von Ängsten, Depressionen, Spuk, Visionen, Stimmenhören sowie von Nervenstörungen und psychotischen Zuständen. Nach dem Auspendeln von Unfall- und Todesdaten sind eine ganze Reihe von Selbstmorden und Todesfällen dokumentiert.

Ein ehemaliger Satanspriester bezeugt: „Neugierde ist der Fliegenfänger Satans, und ich bin überzeugt davon, dass seine Dämonen schon beim ersten Pendelversuch, bei den ersten Wahrsager-Spielchen sowie beim Gläser- und Tischerücken auf der Lauer liegen. Satan geht es um die Gewinnung von Seelen und er nutzt dazu jede Gelegenheit." Von einer jungen Frau erfuhr ich, dass sie sich mit fünfzehn Jahren gemeinsam mit fünf anderen Mädchen aus Jux im Gläserrücken versucht hat. Heute, mehr als zwanzig Jahre später, leidet sie wie auch zwei andere beteiligte Mädchen an Bulimie.

An dieser Stelle möchte ich alle Eltern, Erzieher sowie andere Bezugspersonen für Kinder und Jugendliche anhalten, die Kinder nach ihrem Umgang mit Freunden und dem Geschehen in Kindergärten, Schulen, Vereinen und sonstigen Treffpunkten zu fragen. Denn überall dort, selbst im Religionsunterricht, wird mit all diesen Praktiken immer wieder experimentiert.

Wie geraten Erwachsene in die Esoterik?

In allen Zeitschriften, angefangen von der Tageszeitung, finden wir Tages-, Monats- sowie Jahreshoroskope. Kürzlich las ich, dass das Pflegepersonal in einem christlichen Altersheim auf Wunsch der Bewohner diesen morgens als Erstes ihr Horoskop vorlesen muss. Ein Starastrologe, der sich nach zwanzig Jahren bekehrte, sagt dazu: „Zeitungshoroskope erscheinen natürlich wie ein kleiner Spaß, aber sie sind ebenfalls wie andere Bereiche eine Eingangstür für die Esoterik- und Astrologiepraktiken. Astrologie ist ebenfalls eine Methode des New Age. Astrologie und Esoterik hatten für mich den starken Reiz, dass sie mir mehr Erkenntnis boten über mich selbst, über andere und über die Zukunft, ebenso auch Macht in gewisser Form. Der Astrologie darf man kein Vertrauen schenken. Das Mysterium des Bösen profitiert von der Astrologie und ihrem wissenschaftlichen Anstrich, um sich in das Bewusstsein des Menschen zu schleichen, mit den Ängsten seines Herzens zu spielen, um dann das Leben des Menschen zu bestimmen."

Weiter geht es mit den ersten Yoga-Übungen, oft empfehlen Freunde und Bekannte diese Kurse. Yoga und Zen-Meditation sind auch in kirchlichen Kreisen weit verbreitet. Als ich einmal in einem Kloster zu Mittag aß, betrat eine größere Gruppe in Trainingsanzügen den Speisesaal. Sie wurden uns als Stammgäste vorgestellt, eine Yoga-Gruppe unter der Leitung eines Priesters. Ich selbst begann meinen zwanzigjährigen Irrweg mit einer einfachen Yoga-Übung, nach neun Monaten war ich dann vorbereitet für die nächste Stufe, die Transzendentale Meditation. Wie es weiterging, kann man aus meinem

Zeugnis ersehen. Die Mächte der Finsternis, denen man durch diese Übungen Eintritt gewährt hat, begleiten und beobachten uns und leiten uns immer weiter.

Gesundheit scheint für die Menschen das Wichtigste zu sein. Grüße zu Geburtstagen und anderen Festtagen enden oft mit dem Wunsch „Beste Gesundheit". Für einen Christen kann das aber nicht alles sein. Aus biblischer Sicht ist der Mensch gesund, der heil ist und sich von Gott immer wieder heilen lässt. Gesundheit ist letztendlich Frieden mit Gott. Deshalb sagt der Apostel Paulus: *„Der Gott des Friedens heilige euch ganz und gar und bewahre euren Geist, eure Seele und euren Leib unversehrt, damit ihr ohne Tadel seid, wenn Jesus Christus, unser Herr, kommt"* (1 Thess 5,23).

Viele Kranke werden unter dem Deckmantel christlicher Nächstenliebe durch Hersagen von Zaubersprüchen oder gewissen gebetsartigen Formeln geheilt, wobei der Name Gottes bei der Anrufung der „drei höchsten Namen" missbraucht wird, und kommen dadurch ahnungslos in den Bann des Teufels, der Wunder vortäuschen kann. Dazu sagt die Heilige Schrift: *„Denn diese Leute sind Lügenapostel, unehrliche Arbeiter; sie tarnen sich freilich als Apostel Christi. Kein Wunder, denn auch der Satan tarnt sich als Engel des Lichts"* (2 Kor 11,13–14). Viele „Heiler" praktizieren diese weiße Magie: Man lässt sich auf dunkle Mächte ein, um Hilfe zu leisten und scheinbar Gutes zu tun. Wir wissen als Christen alle, dass der Böse fähig ist, etwas Gutes vorzutäuschen, um ein längerfristig zerstörerisches Ziel zu erreichen. Das Unterscheidungskriterium ist nicht die unmittelbare, sondern die langfristige Frucht. In der Zerstörung der Liebe, des Friedens und des Glaubens liegen die langfristigen Auswirkungen der weißen Magie. Die weiße sowie die schwarze Magie entstammen derselben Quelle, nämlich Luzifer und seinen Dämonen. Die Neugier und der Drang, mehr wissen zu wollen, als uns zusteht, führt uns wortwörtlich in „Teufels Küche".

Magische Praktiken, getarnt als fromme Gebete

Es fängt beispielsweise damit an, dass man Novenen zum heiligen Judas Thaddäus, zur heiligen Martha oder zur heiligen Klara nicht einfach nur an neun Tagen hintereinander betet, sondern dass verlangt wird, diese Novenenzettel an neun verschiedenen Tagen in neun verschiedene Kirchen auszulegen, um Gebetserhörung zu bewirken.

In vielen ländlichen Gebieten haben sich Praktiken erhalten, die Warzen, Ausschläge sowie Verbrennungen durch Gebete – sogenanntes Besprechen – heilen wollen. Es sind immer kirchliche Gebete wie das Vaterunser, das Ave Maria und das Ehre sei dem Vater, aber jeweils verbunden mit einer Zauberformel. Dass diese Formeln wirken, kann man an folgenden Zeugnissen ersehen:

In der Familie einer lieben Freundin kam es immer wieder zu Warzenbildungen. Einmal sagte eine alte Frau aus ihrem Dorf zu ihr: „Ja, könnt ihr alle eigentlich nicht richtig beten?" Sie gab ihr ein Heft mit Gebeten für viele verschiedene Anlässe. Diese Gebete, verbunden mit einer Zauberformel, musste meine Freundin bei einer bestimmten Mondkonstellation verrichten. Am nächsten Tag waren sämtliche Warzen verschwunden. Gleichzeitig verlor die Freundin aber auch die Fähigkeit zu lachen, zu singen und sich zu freuen. Elf Jahre lebte sie danach in einer Finsternis, die sie von Gott und ihren Mitmenschen trennte, bis ein Bekehrungserlebnis sie daraus befreite. Wie die Freundin erklärte, würde sie nie wieder diese Zauberformel in den Mund nehmen, da sie diese elf Jahre, die sie am Rande der Psychiatrie verbrachte, als äußerst schrecklich erlebte.

Ein anderes Beispiel erzählte Pater Emiliano Tardif: „Es gab bei uns einen Katechisten, einen guten Christen, der häufig zur Kommunion ging. Wenn jemand verwundet war, stillte er das Blut mit einer geheimen Formel. Eines Tages habe ich von ihm verlangt: ‚Sage uns die Worte, die du sprichst, und wir werden dir helfen zu unterscheiden, ob das von Gott kommt.' Er antwortete, dass er diese Formel nicht sagen wolle, da es ein Geheimnis sei, das von Mann zu Frau und von Frau zu Mann weitergegeben werde. Wir haben darüber ein wenig diskutiert und schließlich willigte er ein und nannte die magischen Worte."

Pater Emiliano Tardif empfing 1973 das Charisma der Heilung und verkündete seitdem in der ganzen Welt: „Jesus lebt und gibt das Leben neu!" Oft hat er vor Menschen in riesigen Stadien gesprochen und es geschahen unzählige Heilungen und Wunder. Pater Tardif sagt: „Unser Gott ist ein Gott, der Wunder wirkt, kein Gott der Magie. Alles, was magische Formel ist, muss man auslöschen. Es gibt keine ‚kleinen Geheimnisse' in Gott. Jesus Christus ist die ganze offenbarte Wahrheit, und die Barmherzigkeit Gottes ist die stärkste Kraft. Die Heiler, die mit geheimen Formeln arbeiten, sind gefährlich. Es ist wahr, dass solche natürlichen Heilungsgaben existieren, aber man muss ihnen gegenüber sehr vorsichtig sein. Sie sind weniger häufig, als man glaubt, und ihre Ausübung ist fast immer verseucht durch magische Haltungen des Heilers oder des Patienten. Neun von zehn dieser Personen bedienen sich ihrer natürlichen Gaben in einem Drang nach Macht oder Wissen. Wahre Heilungen geschehen dagegen immer wieder in Heilungsgottesdiensten von anerkannten Priestern oder Personen im Evangelisations- und Heilungsdienst. Alle Beschwörungsformeln gehören zu dem Bereich der Finsternis." Ein Christ, der magische Heilverfahren an sich vollziehen lässt, sündigt schwer.

Mir selbst ist auf Exerzitien eine nette, scheinbar harmlose ältere Dame begegnet. Im Verlauf des Kurses berichtete sie mir, dass sie von vielen Personen, sogar von Priestern, aufgesucht würde, damit sie über diesen bete. Gleichzeitig erzählte sie mir, dass sie noch andere Heilmittel anwende, die ich als esoterisch erkannte, z. B. Bach-Blüten. Auch übe sie Reiki aus. Während sie über den Menschen bete, habe sie auf ihrem Tisch ein Kreuz sowie eine Madonna stehen. Wir haben es hier mit einer brisanten Mischung aus Esoterik, Okkultismus, Magie und Spiritismus zu tun, die oft mit christlichen Symbolen und Gegenständen vermischt wird.

Engel im esoterischen und okkulten Bereich

In der Esoterik herrscht ein regelrechter Engelboom. Mehrere hundert Bücher sind zurzeit auf dem Markt, ebenso Engelkarten, damit man sich für jeden Tag einen „Begleiter" ziehen kann. In vielen dieser Bücher wird zwar Bezug auf Gott genommen, dem die Engel unterstellt sind. Allerdings wird dieser Gott nicht notwendig als persönlicher Gott gesehen, zu dem eine Beziehung aufgebaut werden kann. Vielmehr ist er dort eine unpersönliche höhere Macht, die mit dem Begriff Liebe in Verbindung gebracht wird. So taucht oft die Idee auf, dass wir mit den Engeln Kontakt aufnehmen und selbst an unserem Schicksal bauen können. Dies kommt einer Geisterbeschwörung gleich. Engel werden von Gott gesandt, um seinen Auftrag auszuführen und uns helfend zur Seite zu stehen: *„Denn er befiehlt seinen Engeln, dich zu behüten auf all deinen Wegen“* (Ps 91,11). *Zu Gott allein* sollen wir beten und ihm unsere Anliegen vortragen, Engel sind nur die Boten.

Immer wieder berichten Leute von Begegnungen mit Engeln. Vergessen wir nicht, auch Luzifer war ein Engel des Lichtes, und er versucht nach seinem Fall, uns immer wieder zu blenden; dabei ist er bestrebt, Gott in allem nachzuahmen. Vom heiligen Ignatius von Loyola wird erzählt: Da er nach seiner Bekehrung Priester werden wollte, studierte er in Paris Theologie. Dabei machte er immer wieder die Erfahrung wunderbarer Lichterscheinungen. Erst nach drei Monaten erkannte er, dass diese immer dann auftraten, wenn der Lateinunterricht begann. Satan wollte so verhindern, dass Ignatius die Qualifikation für das Priestertum erreichte.

Eine Frau erzählte mir einmal, dass sowohl sie wie auch viele andere Personen von einer Ordensschwester den Namen ihres Schutzengels erfahren hätten. Als sie mir den Namen nannte, war ich zutiefst erschrocken. Dieser Name war identisch mit dem Mantra, das ich bei der TM bekommen hatte! Lassen wir uns also nicht durch „gute Gefühle“ und Eindrücke täuschen. Wie der heilige Paulus sagt: *„Prüft alles und behaltet das Gute“* (1 Thess 5,21). Lassen wir Einsprechungen, Visionen oder Erkenntnisse, die uns zuteilwerden, prüfen, denn selbst in den heiligsten Momenten können wir getäuscht werden!

Pendeln und Rutengehen

Wer zu diagnostischen bzw. therapeutischen Zwecken pendelt, ist entweder ein Scharlatan oder er macht sich der Wahrsagerei schuldig. Wie ein Pendel und eine Rute in Bewegung gesetzt werden, ist wissenschaftlich zweifelsfrei erwiesen. Ein Pendel bewegt sich durch Pulswellen, Muskelanspannungen, Atembewegungen, Vorstellungen, Erwartungen und Gefühle. Ein Pendel macht die Bewegung, die ein Pendler sich vorstellt. Sowohl bei einem Forschungsprojekt in Wien als auch bei einem Wünschelrutentest in Kassel wurde festgestellt, dass bei Blindversuchen die Ergebnisse aller Wünschelrutengänger erschütternd waren. Die „Treffer" der Rutengänger waren reine Zufallsergebnisse, in der Regel lagen sie voll daneben.

Wasseradern, Störzonen und anderes – gibt es das? Die Geologen sagen: Nein! Wasser fließt nicht in unterirdischen Bächen oder Adern, sondern durchtränkt den Boden als Fläche. Daher gilt das Rutengehen, auch Radiästhesie genannt, unter Wissenschaftlern als Aberglaube bzw. Pseudowissenschaft und beruht auf einer Selbsttäuschung der Pendler und Rutengeher. In der Bibel heißt es: *„Es* [mein Volk] *befragt sein Götzenbild aus Holz, von seinem Stock* [Rute] *erwartet es Auskunft. Ja, der Geist der Unzucht führt es irre. Es hat seinen Gott verlassen"* (Hos 4,12). Christen, die pendeln oder für sich auspendeln und rutengehen lassen, versündigen sich gegen das erste Gebot Gottes.

Hypnose

Immer mehr Ärzte, Zahnärzte und Psychologen wenden Hypnose an, z. B. als Hilfe bei Suchtverhalten wie Rauchen und Nägelbeißen sowie zur Gewichtsreduzierung und bei allen Arten von Ängsten und Schmerzen.

Wie wirkt sich die Hypnose auf das Verhalten aus und was geht hier wirklich vor sich? Das Handeln einer Person wird durch die Hypnose beeinflusst oder gar vollständig kontrolliert. Was immer dieser Person suggeriert, also eingesprochen wird, darauf geht sie ein, sogar im Unterbewussten. Hypnotiseure erkennen die Tatsache an, dass die Psyche so etwas wie eine Tür hat, die unerwünschten Einflüssen den Zugang versperrt. Wenn nun der Hypnotiseur eine Person in Trance versetzt, setzt er diesen schützenden Türmechanismus außer Kraft. So wird die normale Fähigkeit der Psyche, über das Eintreten oder Nichteintreten von Einflüssen zu bestimmen, umgangen.

Tatsache ist, dass der Hypnotiseur sich in die Persönlichkeit hineingeschmuggelt hat. Dort kann er nun so fungieren, als wäre er Teil dieser Persönlichkeit. Der Wille der hypnotisierten Person ist beeinträchtigt oder für eine gewisse Zeit außer Kraft gesetzt. Ein früherer Hypnotiseur meint dazu: „Wenn du einmal hypnotisiert worden bist, wird deine Psyche niemals mehr die deine sein."

Im Normalzustand können wir uns von falschem und sündigem Handeln distanzieren, wir können wählen zwischen richtig und falsch, denn Gott hat uns einen freien Willen gegeben. In der Hypnose ist es dem Hypnotiseur möglich, eine illegale Handlung am Subjekt vorzunehmen, ebenso kann er die hypnotisierte Person zu einer illegalen Handlung veranlassen. Selbst wenn der Hypnotiseur es nicht beabsichtigt, kann die Tür der Seele geöffnet werden für krankmachende geistige Einflüsse, die jahrelange

Belastungen mit sich bringen können. Wenn wir einmal das Steuer unseres Willens aus der Hand gegeben haben, werden wir gegenüber Einflüssen verwundbar, die sowohl menschlicher als auch okkulter Natur sein können.

Reiki

Eine der am weitesten verbreiteten magischen Praktiken in der westlichen Welt ist Reiki. Dieser Begriff setzt sich zusammen aus *Rei* (universelles Sein oder transzendentaler Geist) und *Ki* (Lebenskraft). Diese Lebenskraft soll als Licht-Energie zum Heilen eingesetzt werden und dabei helfen, die Menschen zu einem Einklang mit den universellen Energien und damit zu Gesundheit, Harmonie und Glück auf einer höheren Bewusstseinsebene zu führen. Reiki-Heiler glauben, dass durch kultische Formeln (Mantras) oder geheime Zeichen (Kraftverstärkerzeichen) die Wirkung von Reiki erhöht werde. Denn der Mensch habe diese Symbole von einer anderen Welt bzw. Ebene geschenkt bekommen, um mit diesen und deren Energie in Kontakt treten zu können. Diese Symbole, auf denen Reiki ausschließlich basiert, sind nach Carl Gustav Jung „lebendige Wesenheiten", die ständig in Bewegung sind und eine bestimmte Anziehungskraft und Wirkung auf unsere Psyche haben, ob wir uns dessen bewusst sind oder nicht.

Reiki-Heiler rufen in ihren Sitzungen oft einen Engel an. Hier handelt es sich klar um in der Bibel verbotenen Spiritismus, der in die Abhängigkeit zu den um Hilfe gerufenen Geistern und gefallenen Engeln führt. Engel, die unter der Leitung Gottes stehen, würden sich nie auf diese Weise rufen lassen und offenbaren. Man behauptet, dass die Reiki-Energie dasselbe sei wie der Heilige Geist und dass man Reiki mit dem Glauben an Jesus Christus verbinden könne. Jedoch auch bei Reiki geht es um eine subtile Form der Selbsterlösung, da die Vergebung der Schuld ersetzt wird durch die Befreiung von Schuldvorstellungen. Die Erfüllung und Bevollmächtigung durch den Heiligen Geist wird ersetzt durch die Verbindung mit jenseitigen Geistwesen und ihren Energien.

Inzwischen hegen selbst manche Reiki-Meister zunehmend Zweifel daran, dass bei Reiki ausschließlich positive Kräfte aktiviert werden. Sie folgern: „Was nützt es, alles in Licht und Liebe einzupacken, gleichzeitig jedoch zu vergessen, dass uns dunkle und auch destruktive Kräfte unbemerkt vereinnahmen?"

Wie bei der TM betonen die meisten Reiki-Lehrer, dass Reiki weltanschauungsneutral sei. Die Reiki-Einweihung ist jedoch in Wahrheit ein okkultes Ritual. Es gibt drei Grade der Initiation, die durch Handauflegung vom Meister an den Schüler weitergegeben werden.

Der erste Grad soll dazu befähigen, vor allem auf körperlicher Ebene sich selbst, andere oder auch Tiere und Pflanzen zu behandeln, wobei durch besondere Handstellungen die „Reiki-Kraft" auf andere Lebewesen fließen soll.

Im zweiten Grad konzentriert man sich auf die mentale Ebene. Die Schüler erhalten die Reiki-Symbole mit den dazugehörigen Beschwörungsformeln. Dadurch soll man zu Fernbehandlungen befähigt werden, über Raum und Zeit hinweg.

Der dritte Grad ist der des Meisters und Lehrers. Bei der Einweihung erhält man nun ein Meistersymbol, das den Zugang zum astralen Bereich ermöglichen soll.

Homöopathie

Von vielen Leuten geliebt und gar mit religiösem Eifer vertreten, wird die Homöopathie von der Wissenschaft angezweifelt und bekämpft und von Theologen kritisch unter die Lupe genommen. Was steckt hinter dieser Therapieform, die trotz aller Kontroversen so groß in Mode ist?

Pater Clemens Pilar, der sich neben dem Themenbereich Esoterik und New Age seit 25 Jahren auch mit Alternativmedizin auseinandersetzt, litt als Kind und Jugendlicher an einer unheilbaren Krankheit. Da sein Vater als Arzt mit homöopathischen Mitteln experimentierte, wurde auch Clemens damit behandelt. Er studierte einige Semester Medizin, wurde dann aber nach einer Heilung durch Jesus Priester und empfahl als solcher auch die Homöopathie. Zwar wurde er immer wieder von Personen aus seinem Umfeld davor gewarnt, doch aufgeschreckt wurde er erst, als ein junges Mädchen zu ihm kam und meinte: „Pater Pilar, immer wenn ich das Mittel nehme, das Sie mir empfohlen haben, kann ich den Namen Jesus nicht mehr aussprechen."

Pater Pilar brachte seine Homöopathie-Praktiken in die Beichte. Nach der Lossprechung geschah etwas, was er seinen Aussagen gemäß noch nie zuvor und auch nie wieder danach erlebte: Er hatte das Gefühl, als wenn ein Grauschleier von seiner Seele gezogen worden wäre. Jetzt fiel ihm auch wieder die äußerst aggressive Stimmung ein, in die sich sein Vater hineinsteigerte, wenn er mit der Homöopathie experimentierte. Pater Pilar begann nun sowohl in Vorträgen wie auch in Büchern über die negativen Hintergründe und Wirkungen der Homöopathie aufzuklären.

Wie er berichtet, soll es inzwischen fast so viele Arten von Homöopathie geben wie es Homöopathen gibt. Diese Szene ist, wie er es nennt, eine Spielwiese der Esoterik und 80 bis 90 Prozent der Ärzte, die Homöopathie anwenden, sollen ihr angehören. Die weiteren Ausführungen möchte ich an einem Gespräch mit einem jungen Arzt festmachen, den ich zufällig während einer Busfahrt kennenlernte. Als er mir auf meine Frage nach seiner Fachrichtung hin die Homöopathie nannte, musste ich spontan lachen. Ich erklärte ihm, dass ich gerade Fernsehsendungen aufgezeichnet hätte, die über esoterische Heilmethoden, darunter auch über die Homöopathie, aufklären sollten. Auf seine erstaunte Frage hin, was ich denn gegen die Homöopathie einzuwenden hätte, entgegnete ich: „Beantworten Sie mir bitte folgende drei Fragen."

Meine erste Frage lautete: „War Samuel Hahnemann, der Erfinder der Homöopathie ein Christ?" Darauf antwortete der junge Arzt: „Ja, natürlich, er sprach immer wieder von Gott." Die Wahrheit jedoch ist, dass Samuel Hahnemann als Freimaurer den Erlösungsgedanken und die Wiederherstellung des Menschen durch das Kreuz Christi ablehnte und Jesus Christus als einen „Erzschwärmer" bezeichnete. Der Mensch müsse nur erzogen werden, und in der Homöopathie, die er göttliche Homöopathie nannte, sei ihm die wahre Heilslehre offenbart worden, durch die der Mensch wieder ganz hergestellt würde. Er gründete die Homöopathie auf philosophische Grundannahmen, die aus Neuplatonismus, Hermetik, Renaissance-Esoterik und dem Deismus der Aufklärer kommen.

Hahnemanns Anspruch wurde schließlich so radikal, dass er sagte: „Wer nicht genau in derselben Spur geht wie ich, und sei es nur um den Bruchteil nach links oder rechts, ist ein Verräter." In seinem Hauptwerk *Das Organon der Heilkunst* vertrat er die These, dass Krankheiten einzig geistige Ursachen hätten, und im Paragraph 52 heißt es: „Nur wer Homöopathie und Schulmedizin nicht kennt, kann sich dem Wahne hingeben, dass sie sich je einander nähern könnten oder wohl gar vereinigen ließen. Allein der Versuch wäre ein verbrecherischer Verrat an der göttlichen Homöopathie."

Als Zweites fragte ich den jungen Arzt: „Stimmt es, dass die Präparate rituell hergestellt werden?" Einige Wochen zuvor war in einer großen deutschen Wochenzeitschrift ein ausführlicher und kritischer Bericht über die Homöopathie erschienen. Da der Arzt diesen Artikel ebenfalls gelesen hatte, musste er zugeben, dass diese Aussage stimmte. Hahnemann selbst schreibt in seinem Lehrbuch, das nach handschriftlicher Neubearbeitung als 6. Auflage von Richard Haehl, Dr. med. Homöopathie, erstmals 1921 herausgegeben wurde, über Verdünnung und Dynamisation: „Durch diese mechanische Bearbeitung, wenn sie nach obiger Lehre gehörig vollführt worden ist, wird bewirkt, dass die im rohen Zustande sich uns nur als Materie, zuweilen selbst als unarzneiliche Materie darstellende Arzneisubstanz mittels solcher höher und höheren Dynamisationen sich endlich zu geistartiger Arzneikraft substilisiert und umwandelt, welche an sich zwar noch nicht mehr in unsere Sinne fällt, für welche aber das arzneilich gewordene Streukügelchen, schon trocken, weit mehr jedoch in Wasser aufgelöst, der Träger wird und in dieser Verfassung die Heilsamkeit im kranken Körper beurkundet [...] Ungemein wahrscheinlich wird es hierdurch, dass die Materie mittels solcher Dynamisationen sich zuletzt gänzlich in ein individuelles geistiges Wesen auflöse und daher in ihrem rohen Zustande eigentlich nur als aus diesem unentwickelten geistartigen Wesen bestehend betrachtet werden könne“ (Paragraph 270).

In dem Artikel der Wochenzeitschrift wird berichtet, dass zu den bekanntesten Herstellern homöopathischer Mittel in Deutschland folgende Firmen gehören: Heel, Hevert, Pflüger, Wala, Weleda und als Marktführer die Deutsche Homöopathie Union (DHU).

In den Produktionshallen bei der DHU sieht es genauso aus wie bei „Big Pharma“: Menschen in weißen Laborkitteln beaufsichtigen Maschinen, die Tabletten abfüllen und verpacken. Ungewöhnlich dagegen ist folgender Vorgang: Ein Mann steht vor einem Glaskolben, in den etwa fünf Liter passen und in den er ein wenig orangefarbene Flüssigkeit (die homöopathische Urtinktur aus Chinarinde) und neun Teile Ethanol hinzufügt. Dann nimmt er den gefüllten Glaskolben und schlägt ihn lehrbuchmäßig zehn Mal hintereinander mit Wucht Richtung Erdmittelpunkt auf ein Lederkissen. Anschließend kippt er 90 Prozent davon in ein Fass, das neben seinem Tisch steht, und füllt noch einmal neun Teile Ethanol (Alkohol) in den Glaskolben. Dieser Vorgang wird je nach Potenzierung des Mittels wiederholt. Der Geschäftsführer der DHU erklärt, dass Maschinen dafür nicht zum Einsatz kämen, sondern dass die homöopathischen Mittel mit der Hand verschüttelt werden.

Die Potenz D3 ist eine niedrige Potenz und für die Selbstmedikation bestimmt. Man kann dieses Mittel in der Apotheke ohne Rezept kaufen. Wie wenig Wirkstoff in einem homöopathischen Mittel nach der geschilderten Verdünnung am Ende tatsächlich noch enthalten ist, kann man sich kaum vorstellen. So kommt bereits bei D9 etwa ein Tropfen Wirkstoff auf den Inhalt eines Tanklasters, D23 entspricht bereits einem Tropfen Wirkstoff im gesamten Mittelmeer. In homöopathischen Arzneien höherer Potenz ist kein einziges Molekül der Ausgangssubstanz mehr vorhanden.

Teuer sei nicht nur das Schütteln von Hand – so der Geschäftsführer – teuer seien auch die Rohstoffe. „Ambra" z. B. werde aus den Exkrementen des Pottwals gewonnen: „Das müssen Sie erst mal irgendwo mit den erforderlichen Zertifikaten bekommen!"

Homöopathie ist keine pflanzliche Medizin, da Pflanzen hauptsächlich nur als Ausgangsmaterial für die Arzneien verwendet werden. Blättert man im *Handbuch der Materia Medica,* stellt man fest, dass praktisch alle Substanzen, die es auf der Erde gibt, zum Einsatz kommen, z. B. Minerale, Tiere, Ausscheidungen, Gifte sowie auch synthetische Stoffe.

Als ich dem inzwischen schon etwas verstörten jungen Arzt nun meine dritte Frage stellte, nämlich: „Was genau ist nun ihrer Meinung nach in diesen Mitteln enthalten?", konnte er nur antworten: „Eine geistige Information." Daraufhin erklärte ich ihm: „Als Christin beziehe ich meine geistigen Informationen allein aus der Heiligen Schrift und von Jesus Christus." Als der Arzt kurz darauf den Bus verlassen musste, wirkte er ziemlich nachdenklich …

Was sagt nun die Wissenschaft zur Homöopathie? Nach hunderten von Studien sind sich die Wissenschaftler inzwischen einig: Es gibt nicht den geringsten überzeugenden

Beweis dafür, dass homöopathische Mittel irgendetwas anderes bewirken als einen Placeboeffekt. Dr. Christian Weymayr, ein promovierter Biologe und Wissenschaftsjournalist, ist Mitglied der „Gesellschaft zur wissenschaftlichen Untersuchung von Parawissenschaften" (GWUP). In seinem Buch *Die Homöopathie-Lüge* schreibt er, dass homöopathische Mittel wegen ihrer hohen Potenzierung praktisch keinen Wirkstoff mehr enthalten können. Seine Ansicht könnte man so zusammenfassen: „Wo nichts ist, kann auch nichts wirken." Er lässt nicht einmal das häufig gehörte Argument gelten, Homöopathie könne nicht auf dem Placeboeffekt beruhen, weil sie ebenfalls bei Kindern und Tieren wirke. „Zum einen sind auch Kinder und Tiere für Placebos anfällig. Wichtiger ist aber, dass diese natürlich auch Selbstheilungskräfte haben."

Edzard Ernst, der den weltweit ersten Lehrstuhl für Komplementärmedizin an der Peninsula Medical School in Exeter innehat, ging selbst lange Jahre zu einem homöopathischen Hausarzt und behandelte für einige Monate Patienten mit Globuli. Er sagt: „Über viele Jahre habe ich gedacht, die Homöopathen seien einfach ein bisschen überenthusiastisch, ein bisschen verblendet und realitätsfremd. Aber inzwischen bin ich mir sicher, dass sie es besser wissen, was die Wissenschaft angeht. Sie haben sich ein bisschen Kenntnis über wissenschaftliche Arbeit angeeignet und nutzen das, um die Wissenschaft zu kritisieren. Sie tun das in einer sehr destruktiven Weise und führen die Leute bewusst hinters Licht."

Prof. Ernst muss zugeben, dass die Erforschung der Homöopathie anfangs eine gewisse Faszination auf ihn ausgeübt hatte. Er wusste: Wenn es ihm gelänge, die Wirksamkeit der Methode zu beweisen, wäre ihm damit mindestens ein Nobelpreis sicher gewesen. Was ihn dann beeindruckte, ist die Tatsache, dass seit mindestens zehn Jahren alle gut gemachten, systematischen Übersichtsarbeiten und Metaanalysen einheitlich zu dem Ergebnis gekommen sind, dass diese Mittel Placebos sind. Als Streiter gegen die Homöopathie sagt er: „Ein Wissenschaftler muss immer ein Vertreter der Aufklärung sein. Wenn wir glauben, dass das Schütteln von Hochpotenzen uns heilt, wenn wir an die mystischen Kräfte und diesen ganzen Käse glauben, wenn die Menschen beginnen, wissenschaftliches Denken abzulehnen und der medizinische Aberglaube zurückkehrt, dann kappen wir unsere besten Traditionen, dann sind wir auf dem Weg zurück ins Mittelalter."

Homöopathie ist nicht ohne Nebenwirkungen. Abgesehen davon, dass auch Placebos Nebenwirkungen haben können, sind die Substanzen in den Arzneien niedriger Verdünnung (bis D8) pharmakologisch wirksam. Sogenannte „Niederpotenzen", auf Dauer eingenommen, können schwerwiegende negative Folgen haben.

Ein Wiener Professor sagt über die Homöopathie: „Für uns Wissenschaftler ist es Voodoo, um den geistlichen Aspekt müssen sich die Seelsorger kümmern." Ein Priester, der auch ein abgeschlossenes Medizinstudium hatte, sagte in einem Vortrag: „Wenn Sie glauben, keine Bindung daran zu haben, dann versuchen Sie doch einmal, ihre Globuli wegzuwerfen!"

Die Lehre von der „Lebenskraft", wie sie die ideologische Grundlage der Homöopathie bildet, steht in Spannung zur christlichen Auffassung vom Geheimnis des Lebens. Der Anspruch mancher homöopathischer Schulen, auch spirituelle Probleme mit Arzneien „behandeln" zu können, kann in letzter Konsequenz eine Art des Denkens nahelegen, die sowohl zu einem materialistischen wie auch zu einem esoterischen Weltbild führen kann.

Die Ehefrau eines Herausgebers einer christlichen Zeitschrift erzählte mir: „Vor ungefähr dreißig Jahren suchten alle meine Bekannten und auch ich einen bekannten ‚Homöopathie-Papst' auf. Nachdem ich die Mittel zu mir genommen hatte, sah ich beim Aufwachen entweder geisterhafte Gestalten oder riesige Spinnen und Taranteln vor meinem Bett. Erst nachdem ich die Mittel abgesetzt hatte, hörten diese Erscheinungen auf."

Bach-Blütentherapie

Der Freimaurer und Arzt Dr. Eduard Bach (1886–1936) begann seine Karriere als Homöopath, entwarf aber bald ein eigenes Therapiekonzept: ein System psychisch definierter Persönlichkeitstypen und Seelenzustände, denen er Heilpflanzen zuordnete. Blütenessenzen sollen auf Wesensmerkmale des Menschen einwirken und Charakterschwächen, die eigentlichen Krankheitsursachen, in Tugenden verwandeln. Gesund ist man dann, wenn sich „das höhere Selbst mit der Persönlichkeit in Harmonie" befindet.

Erst im Zuge der Esoterikwelle konnte sich diese Methode etablieren und ausbreiten. Der Konsumentenschutz stellt jedoch fest, dass Bach-Blüten zur Behandlung von Krankheiten nicht geeignet sind.

In einem meiner Seminare erzählte eine Frau, sie habe auf Drängen ihrer Schwägerin einige Bach-Blütentropfen zu sich genommen und diese hätten wie Feuer gebrannt. Diese Erfahrung ist eigentlich nicht möglich, da in den

Essenzen der Bach-Blüten lediglich Quellwasser enthalten ist, in das die entsprechenden Blüten einige Tage eingelegt wurden. An diesem Beispiel können wir ersehen, welcher geistige Hintergrund hier vertreten sein muss.

Abschließend möchte ich Dr. Samuel Pfeiffer zitieren, einen Arzt, der einige Bücher über Alternativmedizin geschrieben hat und auf klarem biblischem Fundament steht: „Warum Gesundheit um jeden Preis? Können und dürfen Sie Wunder erwarten von Heilmethoden, die sich auf Lehren gründen, die dem Evangelium völlig entgegengesetzt sind und sich nur zu oft als trügerische Hoffnung erweisen? In der Bibel wird uns der Weg zu einer wirklich umfassenden Heilung gezeigt. Jesus bietet uns ein Leben in Fülle an. Wer ihn als Erlöser und Herrn in sein Leben eingelassen hat, für den verliert nicht nur die Krankheit ihre Schrecken, sondern auch der Tod. Er, der Herr, steht über allem, und wir dürfen wissen, dass nichts an uns herankommt, was nicht an ihm vorbeigegangen ist! Wer sich die Augen für diese Wahrheit öffnen lässt, für den steht das Ringen um Gesundheit nicht mehr im Mittelpunkt."

Denn, „was nützt es dem Menschen, wenn er kerngesund wäre und doch Schaden nehme an seiner Seele?" Nicht umsonst hat Jesus einmal gesagt: *„... es ist besser für dich, dass eines deiner Glieder verloren geht, als dass dein ganzer Leib in die Hölle kommt"* (Mt 5,29). „Wichtig ist nur, dass unser Wille in Gottes Willen ruht. Wenn er es für gut und notwendig hält, uns von unserem Leiden zu befreien, werden unsere Bitten gewiss nicht unerhört bleiben." – *„Das gläubige Gebet wird den Kranken retten und der Herr wird ihn aufrichten"* (Jak 5,15).

Anhang: Einige Aspekte der christlichen Meditation

Aus dem Schreiben der Kongregation für die Glaubenslehre vom 15. Oktober 1989 an die Bischöfe der Katholischen Kirche

Das christliche Gebet wird immer von der Struktur des christlichen Glaubens bestimmt, in dem die Wahrheit Gottes selber und die Wahrheit über die Schöpfung aufleuchtet. Daher nimmt es im eigentlichen Sinn den Charakter eines persönlichen intimen und tiefen Gesprächs zwischen Mensch und Gott an. Es bringt so die Gemeinschaft der erlösten Geschöpfe mit dem inneren Leben der Personen der heiligsten Dreifaltigkeit zum Ausdruck. Zu dieser Gemeinschaft, die sich auf die Taufe und die Eucharistie, Quelle und Gipfel des Lebens der Kirche, gründet, gehört eine Haltung der Bekehrung und des Herausgehens aus dem eigenen Ich auf das Du Gottes zu.

Christliches Gebet ist damit immer zugleich echt persönlich und gemeinschaftsbezogen. Es meidet unpersönliche oder auf das Ich konzentrierte Techniken, die automatische Abläufe hervorbringen, bei denen der Betende in einem rein innerlichen Spiritualismus gefangen bleibt und zum freien Sich-Öffnen für den transzendenten Gott unfähig wird. In der Kirche muss das berechtigte Erforschen neuer Methoden der Meditation sich immer vor Augen halten, dass ein echt christliches Gebet wesentlich die Begegnung zweier Freiheiten ist, der unendlichen Freiheit Gottes mit der begrenzten des Menschen.

Bei der heutigen Verbreitung östlicher Meditationsformen im Raum des Christentums und in kirchlichen Gemeinschaften erleben wir den ernsthaften Versuch, die christliche Meditation mit der nichtchristlichen zu verschmelzen, was nicht ohne Risiken und Irrtümer abgeht. Die Vorschläge in dieser Richtung sind zahlreich und mehr oder weniger radikal. Einige verwenden östliche Methoden lediglich, um sich psycho-physisch auf eine wirklich christliche Kontemplation vorzubereiten. Andere gehen weiter und suchen mit unterschiedlichen Techniken geistliche Erfahrungen zu erzeugen, analog denen, die in den Schriften katholischer Mystiker beschrieben werden. Wieder andere scheuen sich nicht, das Absolute ohne Bilder und Begriffe, wie es der Theorie des Buddhismus eigen ist, mit der Majestät Gottes, die in Christus geoffenbart wurde und die über die endliche Wirklichkeit erhaben ist, auf eine Stufe zu stellen. Sie verwenden zu diesem Zweck eine „negative Theologie", die jede inhaltlich bestimmte Aussage über Gott übersteigt.

Um sich jenem Geheimnis der Vereinigung mit Gott zu nähern, das die griechischen Väter „Vergöttlichung des Menschen" nennen, und um die Weisen genau zu erfassen, nach denen sie erfolgt, muss man sich vor allem vor Augen halten, dass der Mensch wesentlich Geschöpf ist; es wird daher nie ein Aufgehen des menschlichen Ich im göttlichen Ich, auch nie auf der höchsten Stufe der Gnade, möglich sein. Man muss freilich erkennen, dass die menschliche Person „nach dem Bild und Gleichnis" Gottes geschaffen und die Urgestalt dieses Bildes der Sohn Gottes ist, in dem und auf den hin wir geschaffen sind (vgl. Kol 1,16). Dieses Urbild enthüllt uns nun das größte und schönste Geheimnis des Christentums: Der Sohn ist von Ewigkeit her gegenüber dem Vater „verschieden" und doch im Heiligen Geist ihm „wesensgleich"; folglich bedeutet die Tatsache, dass etwas anderes da ist, kein Übel, sondern vielmehr das Höchste aller Güter. In Gott selbst gibt es Verschiedenheit, denn er ist eine Natur in drei Personen, und es gibt diese Verschiedenheit von Gott und Geschöpf, die ihrer Natur nach anders sind. In der heiligen Eucharistie, wie auch in den anderen Sakramenten – und analog in seinen Werken und Worten – schenkt Christus sich selbst und macht uns seiner göttlichen Natur teilhaftig, ohne dabei unsere geschaffene Natur aufzuheben, an der er ja selbst durch seine Menschwerdung Anteil hat.

Wenn wir diese Wahrheiten als Ganzes betrachten, entdecken wir, dass in der christlichen Wirklichkeit alle im Gebet anderer Religionen präsenten Anliegen über jedes Maß hinaus erfüllt werden, ohne dass damit das persönliche Ich und seine Geschaffenheit aufgelöst werden und im Meer des Absoluten untergehen muss. „Gott ist die Liebe" (1 Joh 4,8): Diese zutiefst christliche Aussage kann die vollkommene „Vereinigung und die Verschiedenheit" von Liebenden und Geliebten, zwischen ewigem Austausch und ewigem Dialog verbinden. Gott selbst ist dieser ewige Austausch, wir aber können in voller Wahrheit als „Adoptivsöhne" Christi teilhaftig werden und mit dem Sohn im Heiligen Geist rufen: „Abba, Vater." In diesem Sinn sprechen die Väter mit vollem Recht von einer Vergöttlichung des Menschen, der einverleibt in Christus, den Sohn Gottes von Natur aus, durch seine Gnade der göttlichen Natur teilhaftig und „Sohn im Sohne" wird. Wenn der Christ den Heiligen Geist empfängt, verherrlicht er den Vater und nimmt wirklich am Dreifaltigen Leben Gottes teil.

Dem Suchen nach Gott im Gebet muss die Aszese und Reinigung von den eigenen Sünden und Irrtümern vorausgehen, und sie muss es auch begleiten, weil nur „die reinen Herzen Gott schauen“ (Mt 5,8). Das Evangelium zielt vor allem auf die sittliche Reinigung von dem Mangel an Wahrheit und Liebe, und, auf einer tieferen Ebene, von allen egoistischen Bestrebungen, die den Menschen daran hindern, den Willen Gottes in seiner Reinheit zu erkennen und anzunehmen. Nicht die Leidenschaften als solche sind negativ, sondern deren egoistische Tendenz.

Einige physische Übungen erzeugen automatisch das Gefühl der Ruhe und Entspannung, der Befriedigung, vielleicht sogar Empfindungen von Licht und Wärme, die einem geistlichen Wohlbefinden gleichen. Würde man ihnen eine für die mystische Erfahrung typische symbolische Bedeutung zuschreiben, ohne dass die sittliche Haltung des Betreffenden dem entspricht, so hätten wir eine Art geistlicher Schizophrenie vor uns, die sogar zu psychischen Störungen und zuweilen zu moralischen Verirrungen führen kann.

Die Liebe Gottes, einziger Gegenstand der christlichen Kontemplation, ist eine Wirklichkeit, deren man sich mit keiner Methode oder Technik „bemächtigen“ kann. Wir müssen Gott die Entscheidung darüber überlassen, wie er uns an seiner Liebe teilhaben lassen will. Wir dürfen aber nie irgendwie versuchen, uns mit dem betrachteten Gegenstand, der freien Liebe Gottes, auf eine Stufe zu stellen; auch dann nicht, wenn uns ein spürbarer Widerschein dieser göttlichen Liebe geschenkt wird und wir uns von der Wahrheit, Güte und Schönheit des Herrn gleichsam angezogen fühlen.

Danksagung

Danken möchte ich meinem Ehemann sowie meinem geistigen Begleiter, Pfarrer Peter Meyer, für ihren Beistand in allen Phasen der Sendungen und dieses Zeugnisses. Frau Margot Geiger aus dem Seelsorge-Team eines Exerzitien-Zentrums in Süddeutschland danke ich für ihre sorgfältige und liebevolle Begutachtung des Manuskriptes. Ganz besonders danke ich auch Adalbert und meinem Firmpatenkind Julia für ihre geduldige Schreibtätigkeit sowie manchen guten Impuls, ohne die die Sendungen auf K-TV und in dem Internetportal Gloria.tv Deutschland sowie dieses Zeugnis mit Sicherheit nicht so zügig, wenn überhaupt, zustande gekommen wären. Diesen Personen und all denen, die mir immer wieder Mut gemacht haben, indem sie mir versicherten, dass dieses Zeugnis wichtig sei, möge der Dreifaltige Gott ihren Beistand und ihre Hilfe tausendfach belohnen.

Adressen

In folgenden Exerzitienzentren und Vereinigungen kann in Gottesdiensten, Exerzitien sowie bei Einzelgesprächen um Heilung und Befreiung für Sie gebetet werden:

- Haus St. Raphael, Sr. Margaritha Valappila,
  Tel.: 0 60 56 / 74 04 47, Internet: www.haus-raphael-ke.de
- Kirche St. Martin, Illerberg, Team Pfr. Antony Pullokaran, Internet: www.illerberg-kirche.de
- CE Deutschland
  Tel.: 0 90 87 / 9 03 00, Internet: www.erneuerung.de

Für Fragen zum Thema dieses Buches stehe ich Ihnen unter folgender Anschrift zur Verfügung:

- Renate Frommeyer, postlagernd, 49001 Osnabrück
- E-Mail: jesus.retter@t-online.de

Literaturangabe

Die Bibel, Einheitsübersetzung, Herder, Freiburg 1980

Campus für Christus, Sonderheft *Esoterik 1; Esoterik 2,* Zürich

Basilea Schlink, *Christen und die Yogafrage,* Evangelische Marienschwesternschaft, 10. Aufl. 2004

P. Clemens Pilar, *Christlicher Glaube in der Herausforderung unserer Zeit,* Bad Vöslau 2002

Ders., *Esoterik und Christlicher Glaube,* Wien, 2. Aufl. 2004

Ders., *An vielen Orten ist Verwirrung eingezogen,* in: Vision 2000, 1/2012

Vatikandokument *Jesus Christus, der Spender lebendigen Wassers,* 3. Februar 2003

Samuel Pfeifer, *Gesundheit um jeden Preis,* Brunnenverlag, 7. Auflage

Erika Gibello, *Jetzt sind viele Antichriste gekommen,* Danielis-Verlag Jestetten, 3. Aufl. 2013

P. Joseph-Marie Verlinde, *Die verbotene Erfahrung,* Unio Verlag 2003

Rabindranath R. Maharaj, *Der Tod eines Guru,* CLV Bielefeld, 18. Aufl. 2007

Okkultismus und geistiger Kampf

Mary Pereira / P. James Mariakumar SVD

In Europa leiden immer mehr Menschen unter den Folgen von Okkultismus und New Age. Die Autoren zeigen Wege zur Heilung und Befreiung auf, stützen sich dabei auf das Wort Gottes in der Bibel sowie auf die Macht der Sakramente. Mit Befreiungsgebet! *176 Seiten, broschiert*

Die Yoga-Falle

Marga Lauer

Yoga wird von kirchlichen und gesellschaftlichen Institutionen gefördert. Sowohl Krankenkassen als auch Volkshochschulen preisen Yoga an und laden zu Kursen ein. Marga Lauer ließ sich mitreißen, machte sogar Karriere als Yoga-Lehrerin, bis unerwartete „Nebenwirkungen“ sie beinahe in den Selbstmord trieben. Sie beschreibt ihre Erfahrungen, gibt aber auch detailliert Auskunft über das wahre Wesen und die Wurzeln des Yoga.

128 Seiten, broschiert

Leben am Abgrund

Marino Restrepo

Als Jugendlicher gerät Marino in ein Leben voller Drogensucht, Esoterik und sexueller Ausschweifung. Als Musiker und Schauspieler wird er berühmt. Als er mit 43 Jahren in seiner Heimat Kolumbien entführt wird, öffnet sich ihm in tiefster Todesangst der Himmel. Marino sieht sich vor Gottes Thron stehen und erkennt die Folgen von Sünde, Gnade und freiem Willen. Eine unglaubliche und wahre Geschichte. *192 Seiten, broschiert*

Verborgene Quellen für die Heilung

Sr. Usha SND

Sr. Usha beschreibt, wie Verletzungen zwischen Generationen weitergegeben werden, wie unser Verhalten aus Kindheitsgeschichten beeinflusst wird, wie Träume als eine Gabe Gottes verstanden werden und wie zerbrochene Beziehungen Krankheiten verursachen können. Außerdem weist Sr. Usha auf das Wort Gottes und dessen Rolle im fortdauernden Heilungsprozess hin.

96 Seiten, broschiert

Unser Weg aus der Finsternis

Peter Zimmermann

Kinder und Jugendliche aus aller Welt im Alter von knapp 2 Jahren bis ca. 30 Jahre berichten, wie sie – oft nach langen Irr- und Umwegen – zu Gott fanden. Diese spannenden und anrührenden Zeugnisse sind Mutmacher!

256 Seiten, broschiert

Medjugorje – Kurzbericht

Seit 1981 pilgern Millionen Menschen nach Bosnien-Herzegowina, wo sechs jungen Menschen die Gottesmutter erschien. Dieser bebilderte Kurzbericht beschreibt die Anfänge sowie den Inhalt der Botschaften, die bis heute täglich erfolgen, portraitiert die Seher, nennt die Früchte und geht auf die Stellungnahme der Kirche ein.

64 Seiten, broschiert

„... jetzt sind viele Antichriste gekommen!"

Erika Gibello

Die Autorin, seit Jahrzehnten im Befreiungsdienst der Kirche tätig, gibt einen detaillierten Einblick in die Gefahren und Hintergründe von: New Age, neue religiöse Bewegungen, Selbstverteidigung, alternativen Heilmethoden, Okkultismus, Astrologie, Scientology, Gurus, Sekten ... Mit ausführlichen (auch vatikanischen) Dokumenten über die Freimaurerei sowie zum Thema Esoterik und New Age. Ein Kompendium, das kompetent aufklärt.

400 Seiten, broschiert

MIRIAM-VERLAG

Brühlweg 1 · D-79798 Jestetten
Telefon: 0049 (0) 77 45 / 92 98 - 30
Fax: 0049 (0) 77 45 / 92 98 - 59
E-Mail: info@miriam-verlag.de
Internet: www.miriam-verlag.de